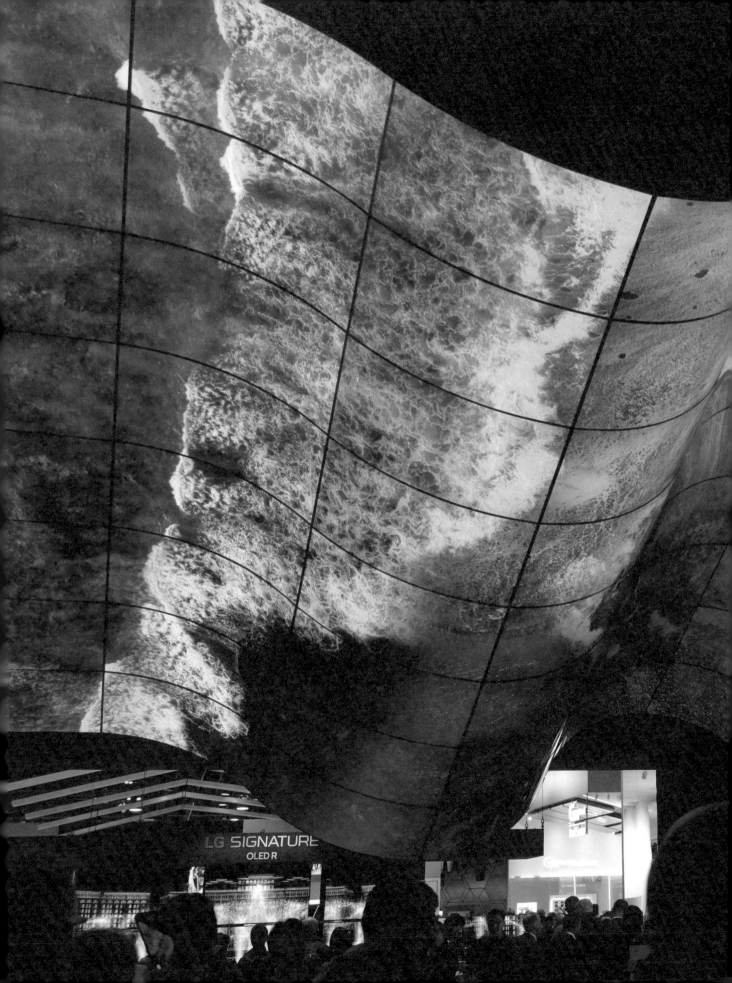

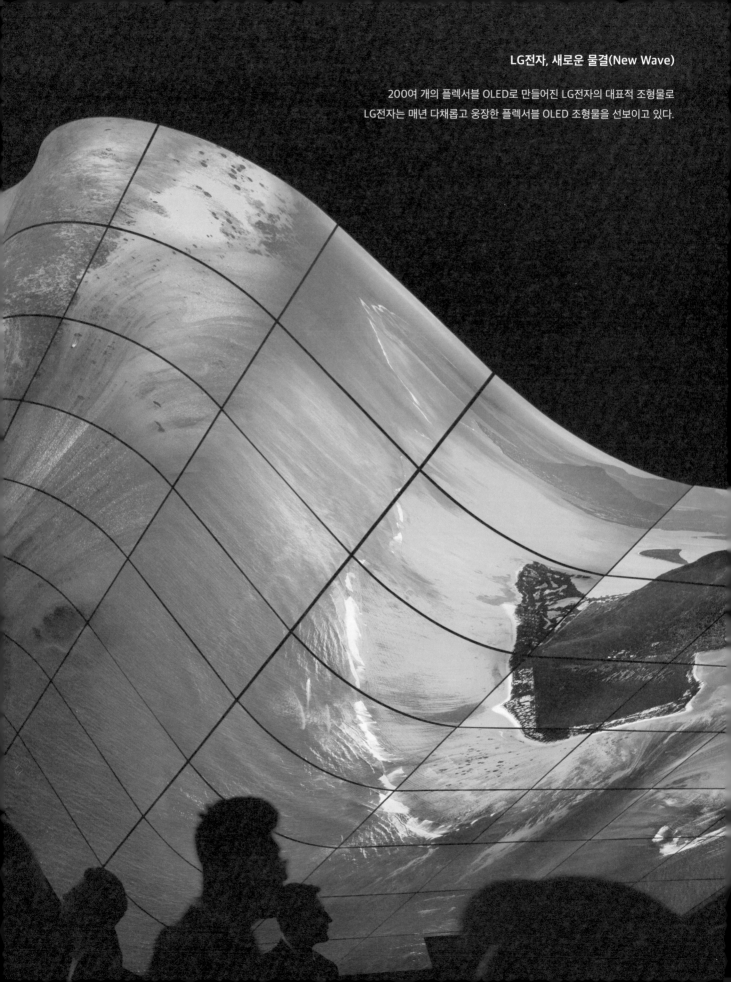

LG전자, 새로운 물결(New Wave)

200여 개의 플렉서블 OLED로 만들어진 LG전자의 대표적 조형물로
LG전자는 매년 다채롭고 웅장한 플렉서블 OLED 조형물을 선보이고 있다.

**HIGH GREAT(HG), 드론 라이트 쇼
(Drone Swarm Light Show)**

사우스홀의 드론 섹션에서 펼쳐진 HG의 드론 라이트 쇼로
음악에 맞춰 여러 대의 드론들이 춤을 추며 라이트로
아름다운 모습을 만들어내고 있다.

현대자동차, S-A1

현대자동차가 우버(Uber)와의 협업을 통해 최초로 선보인
PAV(Personal Air Vehicle) 전시 조형물이다.

푸두 테크(Pudu Tech), 벨라봇(BellaBot)

중국기업 푸두 테크에서 새로 선보인
레스토랑에서 서빙을 하는 고양이 얼굴의 벨라봇이다.

삼성전자, 볼리(Ballie)

삼성전자가 깜짝 발표한 지능형 컴패니언 로봇 볼리이다.

CES®

Anywhere is home

Deloitte.

Smart. Evolving.

LG ThinQ makes anywhere you go feel like home.
Innovative AI products and services learn how you live and what you like,
in the pursuit of connecting every space and experience beyond the walls of your home.

Quantum
Starts Here

IBM

LG ThinQ

20

CES 소개

CES(Consumer Electronics Show, 소비자 가전전시회)는 매년 1월 미국, 라스베이거스에서 열리는 세계 최대 규모의 ICT(정보통신) 융합 전시회이다. 1967년 뉴욕에서 시작하여 50여 년의 역사를 가지고 있다.

초기 전자제품 위주의 전시에서 나아가 전기자동차 및 자율주행차 등 미래 자동차와 드론, 인공지능, 로봇, 5G 등 ICT 분야의 최신 기술을 보유한 기업 및 기관들이 이뤄낸 기술적 성과들을 매년 초 공개하는 기술 전시회로 변모하였으며, 그 해의 최첨단 기술의 트렌드를 파악할 수 있는 장이 되었다.

장소	라스베이거스 컨벤션 센터
지역	네바다주 라스베이거스, 미국
주최자	CTA (Consumer Technology Association)
참석자수	170,000 명
참여기업	4,400개 이상 참여 1,299개의 스타트업 포함
웹사이트	http://ces.tech/

CES 2020

CES 2020의 핵심 이슈는 사물인터넷(IoT, Internet of Things)의 진화였다. CES를 주최하는 CTA(Consumer Technology Association, 소비자 기술협회)는 "이제 단순히 전자기기가 무선으로 연결되는 사물인터넷(Internet of Things)가 아니라 전자기기가 스스로 지능을 갖추고 사고하는 사물지능(Intelligence of Things)로 한 단계 업그레이드 되었다"고 선언했다. 20년 만에 IoT의 정의가 바뀐 것이다.

사물 지능의 시대에 기술, 제품, 그리고 우리의 삶과 이를 둘러싼 환경은 어떻게 바뀌게 될까? CES 2020에서 발표된 기술과 비전, 제품들을 바탕으로 하여 UX 디자이너, 마케팅 리서처, 제품 디자이너가 함께 우리 미래 삶을 그려본 것이 본 저서이다.

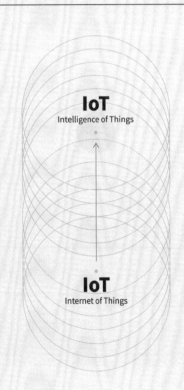

IoT
Intelligence of Things

IoT
Internet of Things

Contents

CES 2020을 통해 예측해 보는 미래 시나리오

CES 2020의 5개 키워드와 하이라이트

Life with Robot 로봇이 가전제품이 될 미래

Service Provision 다양한 서비스를 제공해주는

Life Companion 함께 살아가고 함께 성장하는

Empowering Me 새로운 버전의 나를 만들어주는

New way of Commuting 출근하는 새로운 방법

Future Display Becomes Reality 작아졌다 커졌다, 사라졌다 나타났다, 현실이 된 미래 디스플레이

Evolution of Wearable 단순 커뮤니케이션, 피트니스의 영역을 넘어, 일상적 의료 관리 영역으로

Behind CES 2020

CES 2020 을 통해
예측해 보는
미래 시나리오

CES 2020에서 인상 깊었던 기술, 컨셉과 제품들을 바탕으로 하여 근 미래 우리 삶이 어떻게 변화될지 예측해보았다. 본 미래 시나리오들은 마케팅 리서처, UX 디자이너와 제품 디자이너 등이 함께 모여 그려본 내용이다. 3개의 다른 페르소나(Persona) 집단에 총 7개의 스토리로 구성하였다.

Persona 1

Kate

Female, Single, 26

Persona 2

Dave

Male, Single, 34

Persona 3

Underwood Family

Dad(46)+Mom(42)+Daughter(6)+Companion Robot

Kate

Female, Single, 26

Hyper Customization

나에게 딱 맞는 뷰티 & 패션의 초 개인화 솔루션

Hyper Connection

다양한 신규 모빌리티 수단을 통한 어디로든 빠르게 연결되는 초 연결성

Hyper Customization

1

나에게 딱 맞는 뷰티 & 패션의 초 개인화 솔루션

개인의 신체, 감정 그리고 의료 상의 상태
(physical, emotional and medical)이나
상황(TPO; Time, Place and Occasions)에 따라
최적의 맞춤 솔루션을 제안

스타일랩
스마트 미러
스마트 샤워
맞춤형 마스크팩
맞춤형 화장품

Hyper Customization
나에게 딱 맞는 뷰티 & 패션의 초 개인화 솔루션

Kate's Journey

D-5, 휴가 전 주말
복합 쇼핑몰, 휴가를 위한 쇼핑 1

태국으로 휴가를 떠나는 Kate, 이번 휴가를 위한 쇼핑을 시작해 봅니다.
복합 쇼핑몰의 스타일 랩에 들려 나의 체형과 여행지 TPO에 딱 맞는
의류 컨설팅을 받아 옷과 신발을 구매합니다.

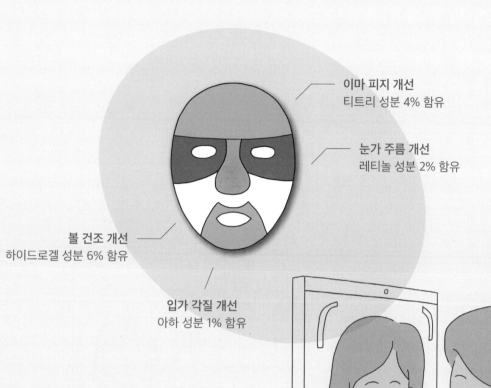

이마 피지 개선
티트리 성분 4% 함유

눈가 주름 개선
레티놀 성분 2% 함유

볼 건조 개선
하이드로겔 성분 6% 함유

입가 각질 개선
아하 성분 1% 함유

D-5, 휴가 전 주말
복합 쇼핑몰, 휴가를 위한 쇼핑 2

뷰티 랩도 방문하여, 이번 여행을 위한
커스텀 팩과 화장품 카트리지를 구매하고
설레는 마음으로 집으로 돌아갑니다.

욕실, 기상 후 모닝 브리핑

설레는 마음에 잠을 설친 Kate!
욕실 스마트 미러를 통해 어제의 수면 패턴, 오늘 날씨 등
모닝 브리핑을 듣습니다.

D-DAY, Morning
욕실/샤워 부스, 기분에 맞춘 음악을 들으며
신체 상태에 맞게 알아서 제공되는 온도의 물로 샤워

"샤워 모드" 라고 명령하자,
활기찬 하루의 시작을 위한 신나는 음악과 함께
최적 온도로 샤워기가 틀어집니다.

욕실, 샤워 후 메이크업을 위한 조명 전환

샤워를 마친 Kate는 세면대로 다가오며,
"뷰티 모드"라고 말합니다.

욕실, 뷰티 모드 조명 아래 메이크업

욕실 전체가 환한 조명으로 바뀌고,

특히 거울의 조명은 Kate가 화장하기 딱 좋은 조명입니다.

피부 상태를 체크하며, 어제 구매한 화장품을 톡톡 발라줍니다.

Hyper Connection

2

다양한 신규 모빌리티 수단을 통해
어디로든 빠르게 연결되는 초 연결성

내 집 문 앞에서 최종 목적지까지
촘촘하게 연결된 교통망을 통해
더욱 빠르고 편리한 이동이 가능한 세상

라스트마일 모빌리티
플라잉 모빌리티
멀티뷰 픽셀

Hyper Connection

다양한 신규 모빌리티 수단을 통해 어디로든 빠르게 연결되는 초 연결성

Kate's Journey

AM 08:00

출발, 전기스쿠터로 이동

오늘은 드디어 태국으로 여행을 떠나는 날입니다.

집 바로 앞에서 전기 스쿠터를 타고 플라잉 택시 승강장으로 이동합니다.

스쿠터로 택시 승강장 이동, 15분 소요

08:00
집에서 출발

08:15
플라잉 택시 승강장 도착

과거에는…

06:40
집에서 출발

07:00
리무진 버스 탑승

AM 08:20

플라잉 택시 탑승

플라잉 택시에 탄 Kate는 폴더블 랩탑을 꺼내
여행 일정을 확인하고, Quibi*로 어제 놓친 드라마를 시청합니다.

* Quibi는 10분 이하의 에피소드가 제공되는 콘텐츠 플랫폼(20년 4월
출시 예정)으로, 화면의 수평/수직 그립 상태에 따라 다른 앵글 뷰를
제공하여 몰입감 있게 감상 가능할 것으로 보이는 서비스

플라잉 택시로 공항 이동, 15분 소요

→ 08:20 ── → 08:35
플라잉 택시 탑승

버스로 공항 이동, 1시간 40분 소요

Keep Going ...

AM 08:40

공항 도착

Kate가 탄 플라잉 택시는 인천국제공항에 바로 도착합니다.
환승 허브에서 입출국 심사를 받은 후 바로 게이트로 이동합니다.

과거에는…

08:40
공항 도착

09:00
출입국 심사 후
게이트 이동

출국 전 확인
멀티뷰 픽셀 전광판

전자 티켓을 받은 후 출국 게이트 번호 및 시간을 다시 확인하기 위해
멀티뷰 픽셀이 적용된 전광판으로 다가갑니다. Kate가 바라보고 있는
정보를 다양한 다른 국적의 사람들도 함께 바라보고 있습니다.

Kate가 공항까지 이동하기 위해 소요한 이동 시간	**40분**
과거에는 공항까지 이동하기 위해 소요된 총 이동 시간	**약 2시간 소요(서울 강남구 역삼동 ⋯ 인천 국제공항 기준)**

Dave

Male, Single, 34

The A.I. Restaurant

사전 주문 서비스와 지능형 식당 서비스로 기다림 없는 로봇 식당

The A.I. Trainer

언제 어디서나 나만을 케어 해주는 A.I. 트레이너, Rena

The A.I. Restaurant

사전 주문 서비스와 지능형 식당 서비스로
기다림 없는 로봇 식당

주문자의 도착 시간을 예상하여
음식 준비 완료 시점을 전달하는 인텔리전스

로봇 세프
서빙 로봇
수거 로봇
설거지로봇

The A.I. Restaurant
사전 주문 서비스와 지능형 식당 서비스로 기다림 없는 로봇 식당

Dave's Journey

AM 08:15

모바일 사전 주문 서비스로 아침 주문

바쁜 아침 시간에도 아침식사를 거르지 않는 Dave.
출근 길 자주 애용하는 미래 식당에 아침 메뉴를
모바일 사전 주문 서비스로 주문 후, 서둘러 준비를 하고 집을 나섭니다.

버거 익스프레스
✓ 미래식당
무인카페

북엇국
✓ 콩나물 국밥
오늘의 아침 백반

GPS와 현재 교통 상황 등을 반영

08:15 → 08:17
음식 주문   집에서 출발

08:15
주문 접수

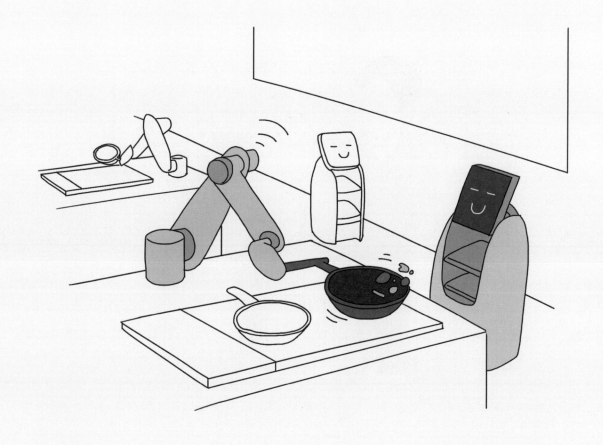

AM 08:32

요리 시작

식당의 요리 로봇은 Dave가 주문한 메뉴를
그가 도착할 시간에 맞추어 요리를 시작합니다.

08:42
도착 예상 시간

08:32
요리 시작

콩나물 국밥 요리 소요 시간 10분

AM 08:42

식당 도착

Dave가 식당에 도착해 자리를 앉자마자,
서빙 로봇이 이제 막 조리된 뜨끈한 콩나물 국밥을
바로 Dave에게 가져다 주네요.

08:42 → 08:43
식당 도착   착석

08:43
서빙

AM 08:53

그릇 수거

식사를 마친 Dave가 수거 버튼을 누르자,

귀여운 고양이 얼굴의 수거 로봇이 다가와 접시를 달라고 애교를 부립니다.

Dave는 익숙한 듯 로봇을 쓰다듬어 주고, 고양이 로봇은 Dave에게 윙크를 합니다.

아침 식사를 하고도, 출근 시간 오늘도 Safe~!! 입니다.

08:53
그릇 반납

08:58
출근

08:53
그릇 수거

The A.I. Trainer

언제 어디서나 나만을 케어 해주는 A.I. 트레이너, Rena

가상의 공간에 존재하나 명확한 캐릭터가 있으며,
나를 이해하고 예측하며 최적의 운동 솔루션까지
제공해주는 나만의 인공지능

인공 인간
탁구 로봇

The A.I. Trainer
언제 어디서나 나만을 케어 해주는 A.I. 트레이너, Rena

퇴근시간, Dave

퇴근 시간, 상사에게 잔소리를 들은 Dave는 기분이 별로 좋지 않습니다.
평소라면 집에 가서 A.I. 트레이너 Rena와 홈트를 하겠지만,
오늘은 왠지 기분 전환이 필요하네요...

Dave's Status

74 bpm   94 % | Angry | My Stress Level   − IIIIIIIIIIIIIIIIIIII 8 IIII +

Rena의 제안

Dave의 이런 기분을 어떻게 알았는지
Rena에게서 바로 연락이 왔습니다.
"오늘 기분 전환 겸 탁구 한 판 어때요?"
좋은 아이디어인 것 같아 탁구장으로 발걸음을 옮깁니다.

Dave's Status

 69 bpm ◊ **95** % | ☺ Relaxed | My Stress Level − ||||||||||||||⑥|||||||||| +

탁구장, 로봇 파트너와 경기

여기는 탁구장!
Rena로 동기화 된 로봇 파트너와 Dave의 탁구 경기가 한창입니다.
Rena는 Dave의 감정과 신체 상태를 실시간으로 살피며 경기를 하네요.

Dave's Status ······ 지방연소 중입니다

💗 **133** bpm 💧 **96** % | 😆 Happy | My Stress Level − ||||||||③||||||||||| +

스트레스 해소

결과는! Dave의 스트레스를 한 방에 날려주는
그의 승리입니다!!

Dave's Status ······ 총 200칼로리를 소모했습니다!

❤ **151** bpm   💧 **97** % | 😠 Happy | My Stress Level   – **1** ▮▮▮▮▮▮▮▮▮▮▮▮▮▮▮▮▮ +

Underwood Family

Dad, Mom, Daughter, Companion Robot

24/7 Medical Manager

24/7 실시간 건강 상태를 체크하고 예측해주는 웨어러블 디바이스

Robot Everywhere

일상 곳곳에 스며든 로봇

Another Family Member

감성을 채워주는 반려 로봇

James(43), Dad

Angela(39), Mom

Olivia(9), Daughter

Coco(1), Robot Pet

24/7
Medical Manager

24/7 실시간 건강 상태를
체크하고 예측해주는 웨어러블 디바이스

번거로운 절차 없이 항상
내 건강 데이터를 측정하고 관리하면서,
위험까지 예측해주는 메디컬 웨어러블 디바이스

손목형 혈압 측정기
손목형 혈당 측정기

24/7 Medical Manager

24/7 실시간 건강 상태를 체크하고 예측해주는 웨어러블 디바이스

James

40대 중반 James는 최근 고혈압 위험 판정을 받고,
몸 관리용으로 손목형 혈압 측정기를 구입하여 사용 중입니다.
실시간 자동으로 측정된 데이터는 앱으로 바로 확인하거나,
담당의사에게 바로 데이터를 전송할 수 있어, 병원 내원 시
기초 자료로 활용되고 있습니다. 특히 측정 혈압에 문제 발생시
지정해 놓은 긴급 연락망으로 다이렉트로 연결되어
응급상황까지 대처 되니 James는 한결 마음이 놓입니다.

Angela

James의 아내 Angela는 당뇨가 있으신 어머니가
매번 혈당 측정을 위해 손가락을 찌르시는 것이 생각나
선물로 피를 이용하지 않고도 간단하게 혈당 측정이
가능한 손목형 혈당 측정기를 보내 드렸습니다.
어머니께서 매일 하던 귀찮고 아픈 일을 하지 않아도
된다며 좋아하셔서 Angela의 마음도 기쁩니다.

Robot Everywhere

일상 곳곳에 스며든 로봇

내 주변 그리고 내 안까지 모든 곳에
스며들어 함께 공존하는 시대

강화 로봇
수영 로봇
교육 로봇
공기 청정 로봇

Robot Everywhere
일상 곳곳에 스며든 로봇

James' 강화 로봇

공항에서 화물 운송 업무를 하는 James는
항상 근육통에 시달렸는데, 최근 회사에서 도입해 준
강화 로봇을 착용한 뒤부터는 업무 속도도 훨씬 빨라지고,
근육통이 사라져 업무 만족도가 매우 높아졌습니다.

일도 빠르게 처리하고 힘도 덜 들다 보니
여유가 생겨 최근 운동도 시작하게 되었습니다.

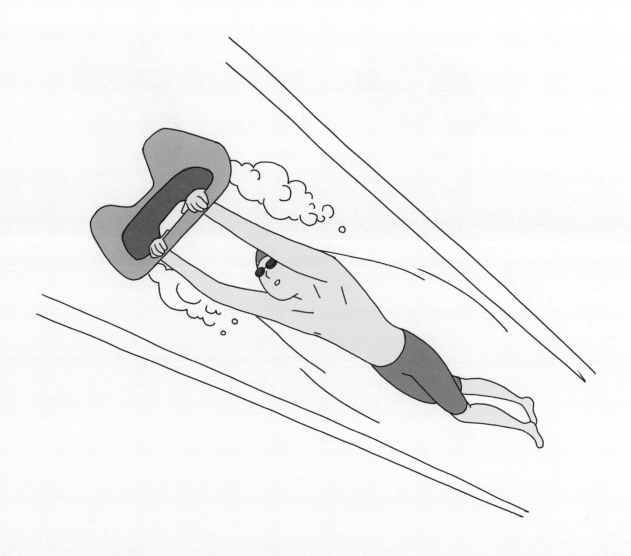

로봇과 수영 배우기

맥주병이었던 James는 요즘 퇴근길에 수영장에
들러 로봇과 수영을 하는 재미에 푹 빠졌습니다.
수영을 하지 못해도 로봇이 이끄는 대로
몸을 맡기기만 하면 되니 손쉽게 물과 친해질 수 있어
재미있게 수영을 배우고 있습니다.

Olivia's 학습 로봇

James와 Angela의 딸 Olivia는 요즘 하교 후
로봇 친구와 시간을 보내는 시간이 부쩍 늘어났습니다.
함께 학교 숙제를 하거나 놀이를 통해 코딩을 배우는 등의
학습 효과 뿐만 아니라, 서로 비밀 이야기를 공유 하거나,
좋아하는 가수의 영상을 함께 보는 등 학습부터 놀이에 이어
취미까지 공유하는 사이가 되었다고 합니다.

Angela's 공기 청정 로봇

미세먼지가 많은 날에는 집안의 공기 청정기 로봇이
분주하게 움직이며, 온 집안의 공기를 정화하고,
실시간 공기 질 정보까지 알려 주어 Angela는 요즘 안심입니다.

Another
Family Member

감성을 채워주는 반려 로봇

도구가 아닌 공존하는 객체로,
차가운 제품이 아닌 따뜻한 감성으로
또 하나의 가족이 되는 로봇

반려 로봇

Another Family Member
감성을 채워주는 반려 로봇

반려 로봇, Coco

외동딸인 Olivia를 위해 알러지나 소음 걱정 없는
반려 로봇 코코를 집으로 데리고 온 James와 Angela.
처음에는 딸을 위해서 데려왔지만 진짜 동물처럼
체온이 느껴지는 코코의 재롱 떠는 모습을 보고 있으면
온 가족이 행복함을 느낍니다.

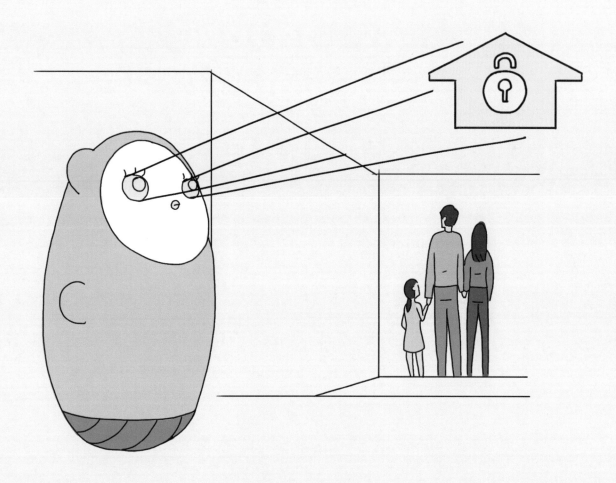

반려 로봇, Coco

온가족이 외출한 날에는 코코가 방범 카메라
역할까지 해주니 마음까지 든든합니다.

CES 2020의
5개 키워드와
하이라이트

CES 2020 에 전시되었던 기술, 컨셉과 제품들을
토대로 5개 키워드를 도출해보았다. 각 키워드 별로
디브리프가 집중 조명한 기술과 제품들을
소개해보고자 한다.

이번 CES 2020은 그 슬로건인 '인공지능을 우리의 일상으로(A.I. in everyday life)'에서 짐작할 수 있듯이, A.I.로 시작해서 A.I.로 끝났다고 해도 무리가 아닐 것이다. LG전자는 A.I.의 발전 단계를 정의하였고, 삼성전자는 극비 인공지능 프로젝트인 'NEON'을 공개했으며, 지금까지와 같이 구글과 아마존은 A.I. 경쟁을 이어갔다.

디브리프는 CES 2020에 출시된 기술, 서비스, 제품들을 분석하여 키워드를 추출하고, 각 키워드 별로 대표 사례를 정리하였다. A.I.를 중심으로 서비스, 공간, 시스템에 대한 변화 그리고 로봇, 모빌리티, 디스플레이, 웨어러블 산업의 동향을 살펴보도록 하겠다.

Mobility

Service

Space

A.I.

Robot

System

Display

Wearable

NEW WAY OF COMMUTING

FUTURE DISPLAY BECOMES REALITY

EVOLUTION OF WEARA

Keyword #01

Hyper Personalization

나를 이해하는 것을 넘어
예측해서 제안하는

4차 산업 혁명 근간 중 하나인 인공지능이 소비자의 행동을 더욱 정확하게 파악하고 이해함에 따라 개인의 소비경험을 새로운 차원으로 이끄는 초 개인화(Hyper Personalization) 시대도 함께 조명되고 있다.

일반적인 개인화가 기본적인 인적사항과 온라인 행동 데이터를 기반으로 사용자를 이해하고 이를 바탕으로 최적화된 경험을 제공하는 것이라면, 초 개인화 단계에서는 사용자의 맥락(Context)를 파악하고, 이해하는 영역을 넘어 다음 행동까지 예측하여 개개인에 맞춤 서비스를 제공한다.

인공 지능(A.I.)는 올해 뿐 아니라, 여러 해 핵심 키워드로 꼽혀왔지만, 특히 올해 다양한 분야로 폭넓게 적용되어 전시됨은 물론 그 자체의 진화를 보여주었다고 할 수 있다. 그 진화를 디브리프는 '나를 이해하는 것을 넘어 예측해서 제안하는 초 개인화'라는 키워드로 정의하였다.

본 키워드에서는 시스템(System), 서비스(Service), 그리고 공간(Space)라는 3가지 분류로 사례를 살펴보고자 한다. 첫 번째로 시스템(System)이다. 여기서 시스템은 인공지능이라는 그 체계 자체의 진화를 의미한다. 인공 지능의 발

Integrated 5G TCU

전 단계와, 새로운 인공 지능의 출현에 대해 정리하였다. 목소리를 넘어 인간의 모습으로 다가오는 새로운 인공지능의 출현. 어쩌면 앞으로 우리는 인공 지능과 진정으로 사랑에 빠지게 될지도 모르겠다. 이런 날이 온다면 이상형이 더 이상 이상형으로만 남지는 않지 않을까?

두 번째로 서비스(Service)이다. 인공 지능의 발전은 앞서 언급한 바와 같이 초 개인화를 가능하게 하고 있다. 이렇듯 인공 지능이 결합되며 맞춤형 초 개인화 서비스를 제공하는 다양한 대표적 사례들을 정리해 보았다. 앞으로는 내게 어울리는 것, 그

에게 줄 선물에 대해 한 치도 고민할 필요가 없을 수도 있겠다.

마지막으로 공간(Space)이다. 단순한 개별의 제품이나 서비스를 넘어서 공간 전체의 변모를 보여주는 전시들을 정리해보았다. 이는 인공 지능과 IoT가 만나 공간 자체가 어떻게 변화해 가는지를 보여준다. 우리가 어떤 공간에 들어섰을 때 흔히 하던 생각과 판단 그리고 행동들이 이제 하나씩 점차적으로 없어지고 당연하다고 생각해 왔던 것들이 변화되는 시기를 맞이하였다.

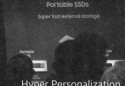

System
목소리를 넘어 인간의 모습으로 다가오는

먹고, 기도하고, 사랑하라.
누구와? 인공지능 혹은 인공인간과

2013년 개봉한 영화 'Her'에서 호아킨 피닉스가 사랑에
빠졌던 '사만다'는 목소리로 존재하는 인공 지능이었지만,
2020년의 드라마 '나 홀로 그대'의 '홀로'는 온전한 사람의
형상을 갖추고 있다.

CES 2020에서 우리가 목격한 인공 지능의 가장 큰
변화는 "진화"라고 할 수 있다. 진화는 2가지 측면에
서 목격이 되었다.

첫 번째는 **인공지능의 프로세싱 변화**이다. 기존에는
정해진 명령에 수동적으로 누구에게나 동일하게 응
답을 해주었다면, 이제는 **사용자에 따라 능동적으로
맞춤형 제안**을 하는 인공지능으로 진화하였다.

두 번째는 음성으로만 존재하던 인공 지능이 **온전
한 사람의 형태로 제안**이 되기 시작한 것이다. 바로
삼성전자에서 깜짝 발표한 '네온'이다. 단순한 인공
지능으로 표현하기에는 부족함이 있기에 인공 인간
(A.H., Artificial Human)으로 표현하고자 한다.

이제는 인공 인간에 주목해야 할 때. 머지않아 우리
는 인공 인간과 함께 일하거나 운동을 하고, 그들이
나오는 광고를 보며, 그들이 제공하는 컨텐츠나 서비
스를 소비하며 하루를 보내게 될지도 모를 일이다.

영화 'Her'의 한 장면

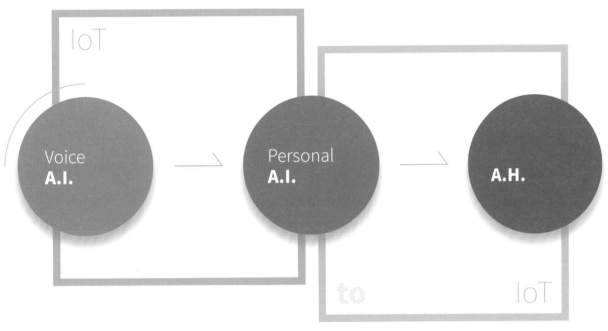

드라마 '나 홀로 그대'의 한 장면

A.I.의 발전 단계 모델 제시

LG전자, Press Conference at CES 2020 풀 영상

LG전자의 최고 기술 책임자(LG CTO, 박일평)은 글로벌 프레스 컨퍼런스를 통해 인공 지능 산업의 성장을 위해 명확하고 체계적인 로드맵이 필요하다고 지적하며, 4단계 인공지능 발전 단계(Level of A.I. Experience)에 대한 모델을 제시하였다.

1단계 **효율화**는 아마존의 알렉사나 구글 어시스턴트와 같이 인공지능이 정의된 명령이나 조건을 기반으로 제품의 특정 기능을 수동적으로 동작하는 인공지능이다. 이 단계의 인공 지능은 단일 목표를 위해 사용자와 상호작용하며 편의성을 높여주는 단계이다.

2단계는 목소리, 행동 등 모든 인식 가능한 정보를 수집해 패턴화하는 **개인화** 단계이다. 사용자와의 누적된 상호작용을 통해 패턴학습을 하며 기능을 최적화하고 개인화시킨다. 개인화 된 데이터를 통해 최적화 된 정보와 결과를 도출한다.

3단계는 인공지능 스스로 사용자가 필요로 하는 것을 예측해 동작하는 **추론** 단계이다. 이 단계에서는 각 센서들이 개인화 단계를 구성하고 있으며, 각 장치들이 유기적으로 연동되어 정보를 주고 받게 되며, 이러한 정보를 기반으로 매 순간 사용자에게 최적의 행동을 하도록 제안해 주는 것이다.

최종 4단계는 인공지능이 스스로 사람의 행동과 습관을 분석하고, 수집할 수 있는 모든 정보를 바탕으로 스스로 실험 학습을 반복하고 검증하기에 이르는 **탐구** 단계이다. 이를 통해 지속적으로 새로운 아이디어를 발견하고 지식을 습득하면서 사용자의 삶에 가치를 부여할 수 있도록 유의미한 실험을 반복하는 것이다.

앞서 언급한 Voice A.I.는 레벨 1에 해당하며, Personal A.I.가 레벨 2 혹은 3이라면, 인공 인간은 레벨 3 혹은 4 정도에 위치한다고 볼 수 있겠다.

	LEVEL 1 Efficiency	LEVEL 2 Personalization	LEVEL 3 Reasoning	LEVEL 4 Exploration
	명령을 인지하고 수행하는 A.I.	패턴을 인지하고 개인화하는 A.I.	원인과 결과를 이해하고 판단하는 A.I.	창의성을 발휘하여 제안하는 A.I.
환경 의식 수준	Perceives 감지	Recognize 인식	Understands 이해	Exploration 탐구
확장성	Independent 독립성	Connects 연결성	Coordinates 조화성	Orchestates 조직성
유저 이해도	Agent 수행원 역할	Assistant 비서 역할	Companion 동료 역할	Sage 조언자 역할
자동화 수준	Task-Oriented 과제 지향적	Goal-Oriented 목표 지향적	Mission-Focused 임무 집중적	Purpose-Driven 목적 중심적

예시

Level 1
무엇을 준비해드릴까요?
'100% 생과일 오렌지 주스 1병' 주문해줘

Level 2
엇! 오렌지주스가 없네?
어제 밤에 주문해놨어요. 아침마다 오렌지 주스를 마시잖아요. 항상 마시던 100% 생과일 오렌지 주스로 주문했죠.

Level 3
좋은 아침~
좋은 아침이에요. 목소리가 좋네요. 잘 주무셨나봐요? 오늘 발표가 있으니까 가벼운 샐러드식의 아침을 추천해 드릴게요.
좋아, 추천 고마워!

Level 4
발표에 가기 전에 대본을 한번 리뷰해 볼까요?
좋아, 시작해보자
↓
너무 긴장하고 있는 거 같네요. 상사에게 전화해서 조언을 구해보는게 어떨까요?
좋은 생각이야, 고마워!

★ 현재 나와 있는 아마존의 알렉사, 구글 어시스턴트 등은
실질적으로 비서 역할이 아닌 수행원 역할을 하는 1단계 AI를 탑재함

LG전자, Press Conference at CES 2020 풀 영상을 Summary한 내용임

스타랩(STAR Labs),
프로젝트 네온(NEON)

네온 개발자인 프라나브 미스트리가 네온을 소개하고 있다

인공인간

CES 전시장에서 가장 주목받은 인간이 있다. 실제 현실에서 실물로 마주할 수는 없지만 가상의 공간에만 존재하는 이들의 정체는 삼성전자의 스타랩(Samsung Technology & Advanced Research Labs) 프로젝트 '네온(NEON)'의 인공인간(Artificial Human)이다. 가상에서 만들어낸 것을 진짜라고 믿을 수 있을까라는 질문에서 시작한 네온은 실제 사람처럼 행동하고 수백만 가지의 표정을 지으며 다양한 외국어까지 구사한다.

현실(Reality), 실시간(Realtime), 즉각 반응하는(Responsive) 세 가지 특징의 앞 글자를 따서 지어진 '코어 R3(CORE R3)' 프로그램을 통해 사람보다 더 사람 같은 표정을 짓고 다채로운 동작을 취할 수 있다. 딥러닝 기술을 기반으로 인간처럼 행동하고 감정과 지능을 표현할 수 있는 능력을 갖춘 것이다. 또한 네온은 지금까지 우리가 흔히 알고 있는 인공지능과는 달리 "헤이 네온"과 같이 정해진 이름으로 부르지 않아도 실시간으로 반응한다. 사용자와의 소통을 통해 사용자의 특징을 스스로 배우며 진화할 수 있는 것이다.

네온을 개발한 삼성전자의 스타랩은 네온이 A.I.나 인터페이스, 뮤직 플레이어가 아닌 우리의 친구(Companion)라고 강조했다. 어느 것에도 규정되지 않은 네온은 아침마다 나에게 날씨를 알려주는 기상 캐스터일 수도 있고, 운동 코치일 수도 있으며, 나의 외국어 선생님일 수도 있다. 또 어쩌면 나아가 베스트 프렌드 혹은 애인이 될 수도 있을지 모르겠다.

스타랩은 세로형 디스플레이에 아나운서, 의사, 사무원, 승무원, 요리사, K-pop 가수 등 다양한 직업, 성별, 연령, 인종의 각 캐릭터를 넣어 전시하였다. 실제로 얼굴이나 팔뚝 위의 솜털의 움직임까지 미세하게 표현되었으며, 입 모양, 손짓, 걸음걸이까지 자연스러웠다.

전시된 캐릭터 중 단 1명만이 인공 인간이 아닌 실제 사람이었으며, 누가 진짜 사람인지를 두고 전 세계로부터 이목이 집중되었다. 진짜 사람은 마이크를 들고 있는 기상 캐스터 여성만이 진짜 사람이었다.

Scenarios for illustrative purposes only.

가상 홈 피트니스

게임과 운동을 결합한 피트니스 게임 시장이 게임 콘솔 분야에서 활발하게 적용되고 있는 와중에 A.I., 5G, AR 등 첨단 기술이 적용된 맞춤형 피트니스가 주목받고 있다. 삼성전자는 젬스(GEMS, Gait Enhancing & Motivating System) 이라는 웨어러블 파츠를 입은 사용자가 AR 글라스를 쓰고 가상의 트레이너에게 맞춤 트레이닝 받는 모습을 시연했다. AR 글라스를 착용하면 사용자의 앞에 가상의 피트니스 트레이너가 나타나는데, 사용자를 쳐다보며 반갑게 인사를 건네면서 운동할 준비가 되었냐고 묻는다. 개인의 운동 진도에 따라 맞춤 트레이닝을 제공하며, 사람과 자연스럽게 대화하며 자세를 교정하고, 운동 기록과 실시간 몸 상태 등을 체크한다. AR 글라스만 착용하면 실감나는 AR 영상을 통해 공간의 제약을 뛰어넘어 어느 공간이든 개인 피트니스 스튜디오가 될 수 있다.

삼성전자, 젬스(GEMS) 시연 CES 2020 Keynote의 한 장면

CES 2020에서는 이러한 가상 홈 피트니스 서비스들
이 많이 선보였는데, 이러한 서비스들이 향후 '네온'과
같은 인공 인간과 접목되는 순간도 그리 멀지 않았을
것으로 본다. 그런 시간이 온다면, 인공 인간을 TPO
에 맞게 꾸미고 선택하는 시장도 함께 창출되고 성장
하지 않을까 조심스럽게 전망해 본다.

AR은 아니지만 43인치 대형 스크린을 통해 온라인 피트니스 선생님과 함께 매일 새로운 콘텐츠의 홈트(홈트레이닝의 줄임말)을 즐길 수 있는 제품이 등장했다.

어메이즈핏(Amazfit)의 홈스튜디오(HomeStudio)는 스마트 짐 허브(Smart Gym Hub)와 런닝머신(Treadmill)이 하나로 구성된 가정용 피트니스 제품으로 피트니스 콘텐츠 회사인 스튜디오(STUDIO)와의 제휴를 통해 개발되었다. 이 제품의 가장 큰 특징은 43인치 HD 스크린의 스마트 미러에서 제공되는 주문형 피트니스 콘텐츠와 색상으로 표현되는 운동 상태 표시를 통해 몰입형 피트니스 경험을 제공하는 것이다. 스튜디오가 제공하는 1,000가지가 넘는 런닝 머신, 요가, 스트레칭 등의 다양한 클래스의 영상 콘텐츠를 대형 화면으로 재생하여 마치 눈앞에서 피트니스 선생님에게 수업을 듣는 것 같은 효과를 누릴 수 있다. 디스플레이 상단에는 심박수, 이동 거리, 소비 칼로리 등의 상세 데이터가 표시되어 운동 효과를 바로 확인해볼 수 있다. 또한 미러 상단에 위치한 3D TOF(Time of Flight, 애플의 페이스ID 인식과 유사한 방식의 광센서 시간 측정 기술) 카메라를 통해 운동 자세를 측정할 뿐만 아니라 제스처로 화면 제어가 가능하여 운동 중 발생할 수 있는 부상과 사고를 방지한다. 고성능 센서로 움직임을 측정하는 피트니스 기술을 통해 더 이상 외롭고 어설픈 아마추어의 홈트가 아닌 A.I.가 측정한 정확도 높은 운동 어드바이스를 받는 새로운 홈트로 진화하게 될 것이다.

어메이즈핏(Amazfit), 홈스튜디오(HomeStudio)

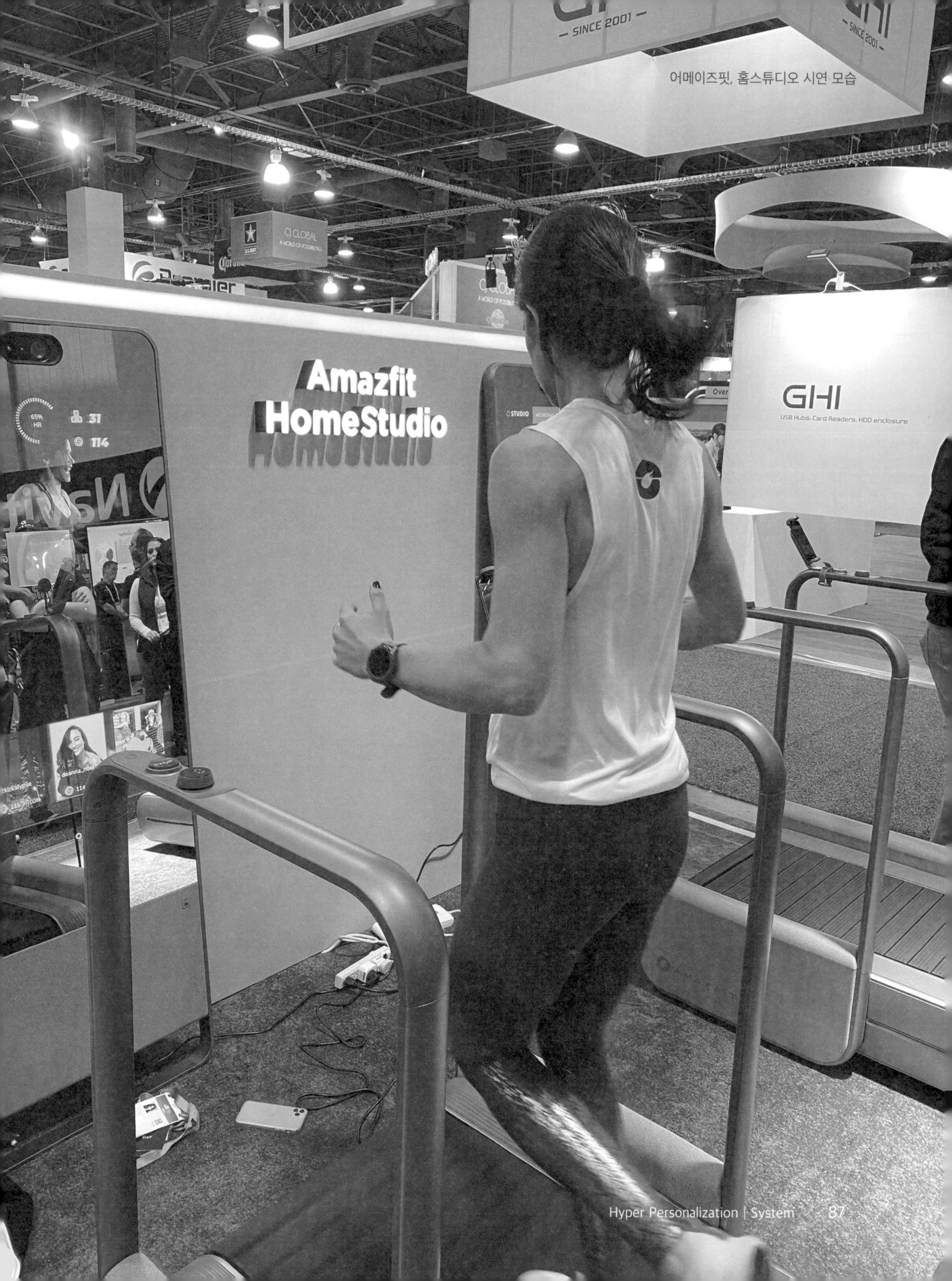

어메이즈핏, 홈스튜디오 시연 모습

Service
나보다 나를 더 잘 알고 제공해주는

"거울아 거울아,
세상에서 누가 제일 예쁘니?"

동화 백설공주 속 마법 거울은 누가 세상에서 제일 예쁜지만 알려주었다면, 2020년 A.I.와 결합해 더욱 똑똑해진 거울은 내가 예뻐질 수 있도록 다방면으로 컨설팅 해주고, 심지어 맞춤 화장품까지도 제작해 준다.

인공 지능이 거울과 카메라를 만나 뷰티 분야에서 본격적으로 활용되고 있다.

거울에 비추면 나의 체형이 완벽하게 분석되고 나에게 맞는 옷과 액세서리를 입어보지 않고도 선택할 수 있거나 혹은 자동으로 제안해 주고, 내 피부 상태가 실시간으로 체크되며 얼굴 각 부위의 상태에 맞는 화장품을 추천해 주거나 만들어 주는 마법과도 같은 상상을 해본 적이 있다면, CES 2020에서는 이러한 상상이 현실이 되어 구현된 상품과 서비스들이 눈에 띈다.

맞춤형 스타일 제안

나의 신체 사이즈를 자로 재지 않고도 정확하게 측정해 스타일까지 추천해주는 A.I.가 등장했다. LG ThinQ Fit Collection은 인공지능 3D 카메라가 신체 사이즈를 측정하여 생성한 아바타를 통해 직접 옷을 입어보지 않고도 가상 피팅을 할 수 있는 인공지능 시스템으로 작년 IFA(베를린 국제가전박람회)에서도 선보인 바 있다. 옷을 입고 있는 상태에서도 어느 정도 정확한 측정값이 나오는데 의류뿐만 아니라 안경, 신발 등의 액세서리와 헤어스타일을 변경하여 다양한 스타일을 연출해볼 수 있다. 단순히 아바타에 의류를 합성하여 보여주는 수준이 아니라 스크린에 표시된 옷감을 터치했을 때 옷이 헐렁거리거나 쪼이는 정도까지 확인할 수 있는데 흘러내리는 모션이 자연스러워서 3D 그래픽이라는 이질감이 느껴지지 않는 수준이다. 체형에 맞는 스타일을 추천해줄 뿐만 아니라 바짓단 등 옷의 길이까지 고려된 맞춤형 옷을 바로 주문하는 것도 가능하다.

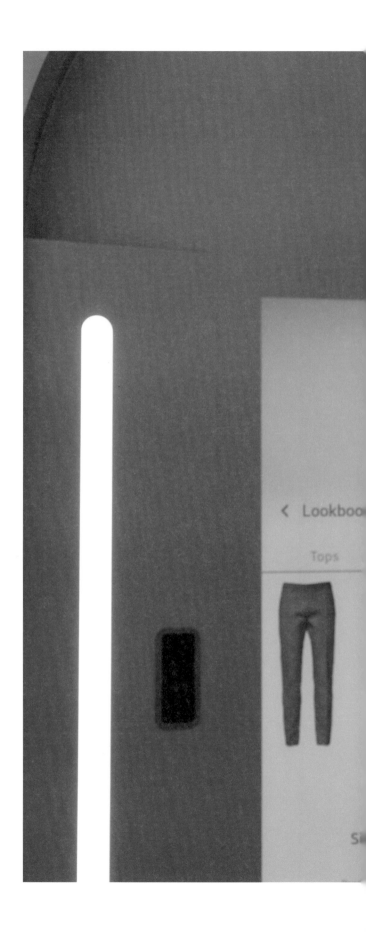

< Lookboo

Tops

Checkout

Bottoms

Re

Men

30,

LG전자, 씽큐 핏 콜렉션(ThinQ Fit Collection)

LG전자, 씽큐 핏 콜렉션(ThinQ Fit Collection)

LG전자, 씽큐 핏 콜렉션 모바일(ThinQ Fit Collection Mobile)

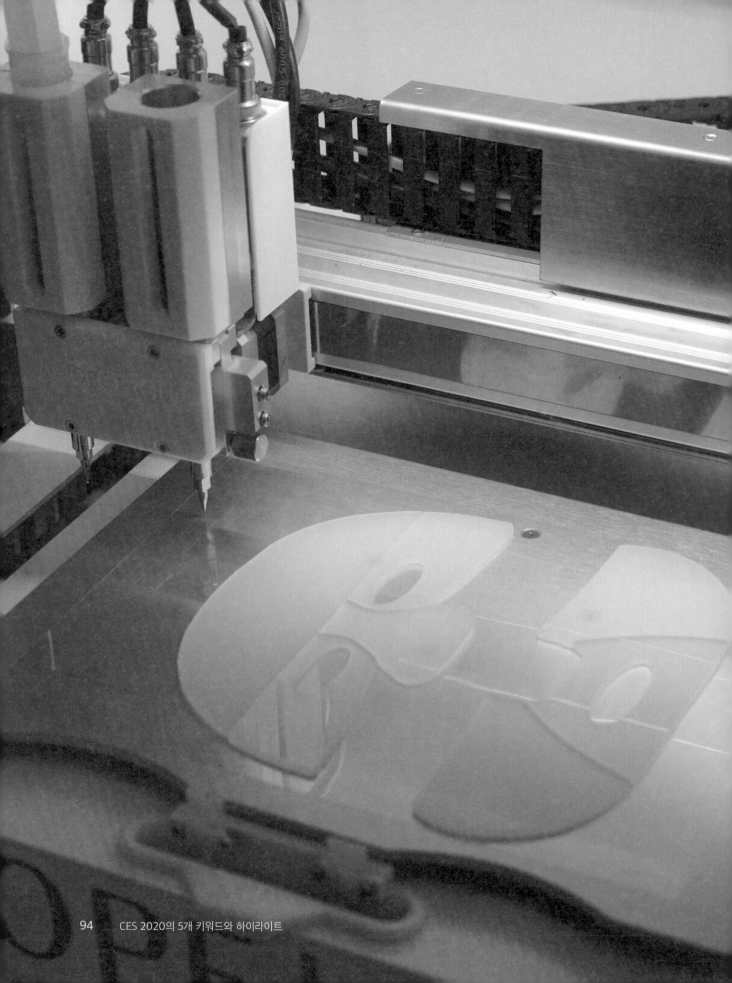

맞춤형 마스크 팩

뷰티 기업과 첨단 기술의 연관성은 무엇일까. 초디지털 기술 변화를 통해 고객에게 다채로운 경험을 제공하겠다는 CEO의 신년사와 함께 한국을 대표하는 뷰티 기업인 아모레퍼시픽에서는 처음으로 CES에 참여하여 '3D 프린팅 맞춤 마스크팩'과 '플렉서블 발광다이오드(LED) 패치'를 선보였다.

3D 프린팅 맞춤 마스크팩은 사람마다 다른 얼굴 크기와 피부 특성을 반영하여 나만의 하이드로겔 마스크팩을 만드는 기술을 적용, 다섯 가지 부위에 여섯 가지 처방으로 개인별 맞춤 솔루션을 제공한다. 마스크 도안을 실시간으로 디자인하면 5분 안에 맞춤형 마스크팩을 만들어낼 수 있도록 할 예정이며 국내에선 4월 아이오페 플래그십스토어에서 서비스를 정식으로 선보일 예정이다.

아모레퍼시픽, 3D 프린팅 맞춤 마스크팩

맞춤형 화장품 제조기

페르소(Perso)는 로레알 산하의 로레알 테크놀로지 인큐베이터에 의해 개발된 높이 약 16.5cm, 무게 453.6g의 외형을 가진 인공지능 기반 개인 맞춤형 화장품 디바이스이다.

스마트폰 앱으로 얼굴을 스캔하면 A.I.가 그날의 피부 상태, 대기질, 공해를 분석해 최적화된 화장품을 제조해준다. 여기서 의미하는 제조는 의약품을 조제하는 개념에 가까운 의미이며, 개인의 피부 특성과 환경, 개인 선호도에 따라 사용자에게 맞는 성분과 제형의 화장품이 4단계 절차에 의해 만들어진다. 스킨케어 제품뿐만 아니라 파운데이션이나 립스틱 같은 색조 화장품도 카트리지를 변경하여 제조가 가능하다.

모바일을 통해 사용자의 피부를 분석하는 1단계, 사용자의 주위 환경을 측정하는 2단계, 사용자의 제품 선호도 및 관심사항을 평가하는 3단계, 마지막으로 1단계부터 3단계까지의 데이터를 바탕으로 맞춤 블렌딩되어 일회용 제형으로 제조되는 4단계의 과정이다. 이러한 과정이 반복적으로 이루어질수록 데이터가 축적되어 사용자에게 맞는 최적의 제형을 자동으로 제조해준다. 또한 로레알이 제공하는 뷰티 트렌드와 컬러가 실시간으로 적용되어 그날 그날의 유행을 따라가는 것도 가능하다.

로레알은 몇 년 전부터 IT 업계의 CDO(Chief Digital Officer)를 선임하고 기술개발 업체를 인수하는 등 화장품 소비자들의 니즈에 부합하는 제품을 만들기 위해 뷰티 테크 분야에 적극적으로 투자하고 있다. 이와 같이 뷰티 산업 내 AR, 인공지능 등의 기술 도입으로 피부에 맞는 맞춤형 화장품을 소비하는 시장이 고도화되고 세분화될 것으로 예상된다.

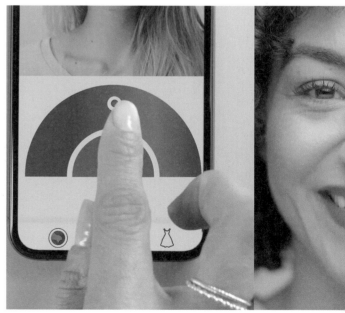

로레알(L'Oreal, 페르소(Perso))

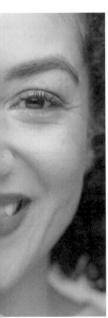

Space

세심하고 섬세한 스며들어 변화시키는

CES 2020에서는 A.I.가 더 이상 노래를 틀어 주거나, 불을 켜주는 단순하고 단편적인 서비스를 제공하는 것이 아니라, 서로 다른 사용자의 상태나 상황에 따라 변화하거나 사용자의 개별 니즈에 맞추어 더 복잡하고 세심한 서비스를 제공하는 생활 공간 곳곳에 스며든 A.I. 기술을 발견할 수 있었다.

AL INNOVATION LAB: "Shift"

by GE APPLIANCES
a Haier company

SHIFT
Adapts the kitchen per us

GE(General Electric), 시프트(Shift)

반응형 스마트 키친

다양성을 가진 주방은 누구에게나 열려 있고 언제나 접근이 가능하다. GE는 획일화된 주방을 탈피하여 비장애인 사용자 뿐만 아니라 고령자나 휠체어 사용자도 편리하게 사용 가능한 환경을 제공하는 반응형 주방 '시프트 키친(Shift Kitchen)'의 개념을 제안했다. 시프트 키친은 얼굴 및 음성 인식 기술을 통해 인식된 사용자에게 적합한 선반 높이, 물리 버튼 등을 맞춘 주방환경으로 전환시켜준다. 집이라는 단일 생활 공간에서 다수가 함께 사용하는 공간인 주방을 실시간으로 변화시키는 기술은 집안 구성원 모두의 개인화된 요구를 충족시킨다.

HEN
king it accessible for all

스마트 워터 시스템

잔잔한 음악과 은은한 조명이 가장 잘 어울리는 공간
이 어딘지 생각해보면 바로 욕실이 아닌가 싶다. 콜러
(KOHLER)의 커넥트(Konnect) 제품으로 구성된 스
마트 욕실은 차갑고 생기 없는 욕실을 생생하고 드
라마틱한 맞춤 공간으로 표현한다. 콜러 커넥트 앱으
로 연결된 각 제품들은 개인별 맞춤 설정이 가능한
데, 생활 루틴에 따라 조명, 거울, 샤워 헤드, 욕조 등
의 설정이 자동으로 전환된다. 뷰티 루틴이 활성화되
면 거울의 조명이 환하게 바뀌면서 신나는 음악이 흘
러나오고 샤워 루틴이 활성화되면 바로 씻을 수 있도
록 최적화된 온도로 맞춰주는 식이다. 특히 하만 카
돈(Harman Kardon)의 스피커가 장착된 샤워 헤드
는 강력한 음향으로 샤워 중에도 고품질의 음향을 즐
길 수 있으며, 음성 인식이 지원되는 스마트 미러는
사람의 움직임을 인식하여 적당한 밝기로 얼굴을 확
인할 수 있다. 이러한 스마트 제품들은 이미 2년 전부
터 CES에서 선보였기 때문에 새로울 것 없지만, 이 제
품들이 커넥트 시스템에 결합되는 순간 사용자에게
새로운 맞춤 공간의 경험을 제공한다는 의미와 함께
하만 카돈 스피커가 장착된 샤워 헤드는 올해부터 판
매가 된다는 즐거운 소식을 접할 수 있었다.

콜러(KOHLER), 커넥트(Konnect)
상단부터 아래순으로
스마트 미러,
무선 컨트롤 수전,
커넥트 컨트롤러,
블루투스 스피커 샤워기

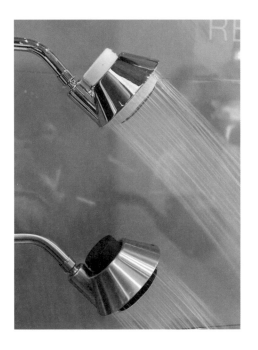

가정용 식물 재배기

가정용 식물 재배기는 우리가 생각하는 것보다 훨씬 오래 전부터 있어왔던 개념이고 기존에 출시한 제품도 여럿 존재한다. 기존 가정용 식물 재배기의 경우, 미세먼지나 태풍, 계절 등의 영향을 받는 야외 환경과 상관없이 집에서 직접 종자를 심고 길러서 성장한 친환경 작물을 맛볼 수 있다는 놀라운 장점이 있었지만, 먹을 수 있는 작물이 되기까지 시일이 걸리는 데다 동시에 재배해서 먹을 수 있는 양도 많지 않아 노력 대비 효율이 떨어지는 결과물로 인해 아이들의 교육용 목적 외에 크게 시장이 활성화되고 있지 않았다. 그런데 인공지능이 탑재된 스마트 가전 기술이 가정용 식물 재배기와 만나는 순간, 미래의 주목받는 新가전으로 탈바꿈이 되는 모습이다.

마치 빌트인 냉장고처럼 보이는 LG전자의 식물 재배기는 LG의 가전 특허 기술을 활용하여 사람이 식물을 키우는데 들이는 노동을 기술이 대신해준다. 냉장고의 정밀 온도 제어 및 정온 기술을 통해 최적의 온도를 제어하고 유지하면서, 채소의 성장에 필요한 물을 적절하게 공급해주는 정수기의 급수 제어 기술, 에어컨의 공조 기술과 TV의 LED 파장, 광량 제어 기술 등 이 모든 가전 기술이 자동화되어 식물을 기르기 위해 투입된다.

LG전자, 식물 재배기

GE(General Electric), 홈그로운(Home Grown)

삼성전자 또한 비스포크 냉장고 옆에 비스포크 플랜트(Bespoke Plant)라는 식물 재배기 컨셉을 보여주었다. 식물의 성장을 추적한 데이터를 모바일과 연동하여 관리하고, 선반 높이를 자동으로 조정하여 식물의 성장을 방해하지 않는다.

GE 역시 새로운 키친의 개념을 제시하면서 주방 내에 'Home Grown'이라는 거대한 식물 재배 공간을 표현했다. 주방 전면의 가장 큰 공간을 차지하는 이 식물 공간은 재료에서 주방으로, 주방에서 테이블까지의 거리를 극한으로 좁혀 효율을 극대화하는 미래의 식생활 행태를 보여준다. 에어로포닉스, 하이드로포닉스 및 토질 이라는 세 가지의 원예 시스템을 통해 부엌 내 식물, 농산물 뿐만 아니라 나무 생산까지 가능한 이 공간은 아직은 컨셉으로만 존재하지만 사용자에게 주방이 제공할 수 있는 가장 친환경적인 경험이 아닐까 싶다.

메르세데스벤츠(Mercedes-Benz), 아바타(AVTR)

생체 동기화 모빌리티

미래의 자동차를 상상한다면 이런 모습일지도 모른다. 비전 AVTR는 영화 '아바타'의 세계관인 판도라에서 영감을 얻은 메르세데스 벤츠의 자율 주행 컨셉트카이다. 아바타(AVaTaR)의 약자이면서 진보적인 운송 수단(Advanced Vehicle Transformation)에서 차용한 AVTR라는 이름처럼 벤츠가 제시하는 먼 미래의 이동성에 관한 비전을 제시한다.

독특한 내부 및 외부 디자인 구조는 영화 아바타의 여러 생물에서 영감을 얻었다. 기존의 스티어링휠 대신 센터 콘솔의 제어 장치를 통해 탑승자와 자동차 간의 드라마틱한 상호작용이 이루어진다. 영화 속 주인공이 생명체들과 교감하듯 운전자가 제어 장치에 손을 올려 놓으면 내부가 활성화되고

차량이 운전자의 심장 박동과 호흡을 인식한다. 몰입을 유도하는 곡선 디스플레이 모듈은 공간 외부의 모습을 비추며 탑승자와 외부 환경을 시각적으로 연결해주고 손바닥에 투사되는 메뉴 선택은 물리적 방해없이 직관적인 사용을 가능하게 한다.

지속가능한 모빌리티와 자원 절약을 통한 환경 보존, 인간과 기계, 그리고 자연 간의 조화에 대한 메시지를 담은 AVTR는 가죽 대신 비동물성 소재인 다이나미카(DINAMICA)와 등나무를 가공한 소재를 사용하여 내부를 따뜻한 분위기로 만들어주고, 유기 셀 화학물질을 기반으로 한 배터리는 완전한 재활용이 가능하여 지속가능성을 실천한다. 차량 후면에 장착된 33개의 생체 공학 플랩은 파충류의 비늘을 연상시키며 미묘한 동작으로 자연스럽게

흐르는 움직임은 기계가 아닌 호흡하는 생명체처럼 느껴지게 한다.

비전 AVTR는 단순 드라이빙 경험을 넘어 공간 안에서 사람과 모빌리티가 어떻게 상호작용하고, 어떤 형태의 관계를 형성할 수 있는지를 보여주는 것이야 말로 미래의 이동수단이 제공해야 할 중요한 가치가 아닐까 하는 생각을 다시 한번 하게 한다.

Keyword #02

Life with Robot

로봇이 가전제품이 될 미래

2001년 개봉한 스티븐 스필버그의 영화 A.I.에는 보모 로봇, 청소 로봇, 안내 로봇, 아이 로봇 등 매우 다양한 종류의 로봇이 등장한다. 이와 같은 일이 아주 먼 미래의 일이라고 생각 했다면, 그 생각은 틀렸을지도 모른다.

CES 2020은 로봇 산업의 양적인 면(수량의 증가)뿐만 아니라 질적인(로봇 영역(Role)의 증가) 확장까지도 확인할 수 있는 시간이었다.

기존의 로봇을 핵심으로 하는 업체들은 물론 삼성전자, LG전자와 같이 우리가 흔히 전통적인 가전(Home Appliances) 혹은 모바일(Mobile) 중심으로 알고 있는 기업에서도 다양한 로봇(Robot)을 선보이며 로봇의 양적 그리고 질적인 성장을 확인할 수 있었다. 특히 삼성 전자나 LG전자는 신규 가전 제품을 대신하여 로봇이 그 자리를 차지하며 향후 다양한 로봇들이 현재 가전의 자리를 차지할 수 있음을 짐작케 했다.

1가정 1로봇이 그리 멀지 않았으며 어쩌면 코 앞의 일일 수도 있는 것이다. 과거 세탁기, 청소기 등 가사 일을 돕는 가전 제품이 발명되어 혁신이 왔다면, 앞으로 그들의 이름은 세탁 로봇, 청소 로봇으로 바뀔 것이며 기존의 모든 가전 제품과 전자 제품들이 점진적으로 로봇화 되는 혁신이 도래할 것으로 전망된다.

올해 CES 2020을 통해 발표된 로봇 제품들을 살펴보면, 크게 아래와 같이 3가지 부류로 나누어 볼 수 있다.

첫 번째로 **다양한 서비스를 제공해주는(Service Provision) 로봇**이다. 이미 기존에 대중화 된 사례로 로봇 청소기를 들 수 있다. 집에서 로봇 청소기와 같이 다른 여러 가지 가사일을 돕거나 혹은 레스토랑, 호텔 등과 같이 다양한 업종에서 서비스 제공이 가능한 로봇들로 요리, 설거지, 바리스타, 컨시어지 그리고 서빙 로봇 등이 있다. 어쩌면 앞으로는 가전 제품 대신 가전 로봇을 구매해야 할지도 모르겠다.

두 번째로 **함께 살아가고 함께 성장하는(Life Companion) 로봇**이다. 주로 아이들이 1차 타겟이 될 수 있는 로봇들로 반려 동물을 대신하는 반려 로봇 혹은 교육 로봇 등이 있다. 이 분야의 로봇은 이미 수년 전부터 로봇 산업에서 어쩌면 가장 1차적으로 접근되었던 분야라고도 할 수 있다. 기존보다 많은 업체와 로봇이 출시되어 시장의 성장을 체감할 수 있었다. 이 분야는 향후 개인화 된 인공 인간과의 서비스 연계가 이루어지지 않을까 전망해본다.

마지막으로 **새로운 버전의 나로 업그레이드해주는(Empowering me) 로봇**이다. 강화 로봇, 생체 공학/재활 로봇과 같이 사용자의 부족한 부분을 채워 해당 능력을 갖추게 해주는 로봇들과 탁구치는 로봇, 수영 로봇과 같이 운동을 함께 해주거나 혹은 더 잘 할 수 있도록 보조해주는 로봇들이 있다.

영화 A.I. 의 한 장면

SERVICE PROVISION
다양한 서비스를 제공해주는

요리 로봇,
컨시어지/서빙 로봇

LIFE COMPANION
함께 살아가고 함께 성장하는

반려 로봇,
교육 로봇

EMPOWERING ME
새로운 버전의 나를 만들어주는

강화 로봇,
탁구치는 로봇,
수영 로봇

Service Provision

다양한 서비스를 제공해주는

컨시어지/서빙 로봇

사람 대신 로봇이 일하는 식당이 있다.
LG전자가 제시하는 미래의 식당은 어떤 모습일까?
'클로이 테이블(CLOi's Table)'은 상업 공간에서 사람
이 반복적으로 수행해야하는 일을 로봇이 대신 처리
한다. 로봇은 손님이 식당에 들어서면 자리를 안내해
주고, 주문을 받기도 하고 주문 받은 요리를 테이블로
가져와준다. 다만 아직까지 로봇이 가져다 준 음식을
테이블에 올리는 작업은 사람이 대신 수행해야 한다.

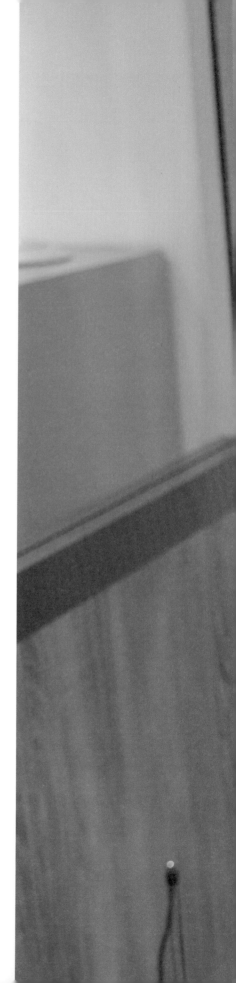

CLOi's TABLE

LG전자, 클로이(CLOi) 컨시어지 로봇

LG전자, 클로이(CLOi) 주문 로봇

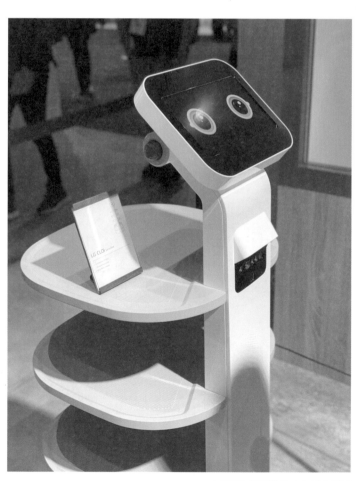

LG전자, 클로이(CLOi) 서빙 로봇

고양이의 모습으로 서빙을 하며, 애교까지 보너스로
제공하는 로봇도 있다. 실내 운송 로봇 전문 업체인
푸두 테크(PUDU Tech)의 컨시어지 로봇인 '벨라봇
(BellaBot)'은 로봇 상단에 고양이의 얼굴을 가진 멀티
터치 스크린을 장착했다. 손으로 상단 머리 부분을 쓰
다듬으면 야옹 거리는 소리와 함께 다양한 표정을 짓
기도 하고, 너무 자주 만지거나 귀찮게 하면 싫은 표
정을 하며 도망가 버린다.

푸두 테크(PUDU Tech), 벨라봇(BellaBot)

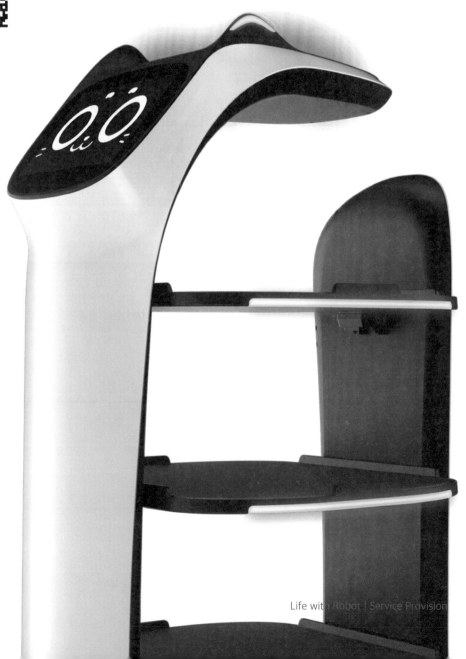

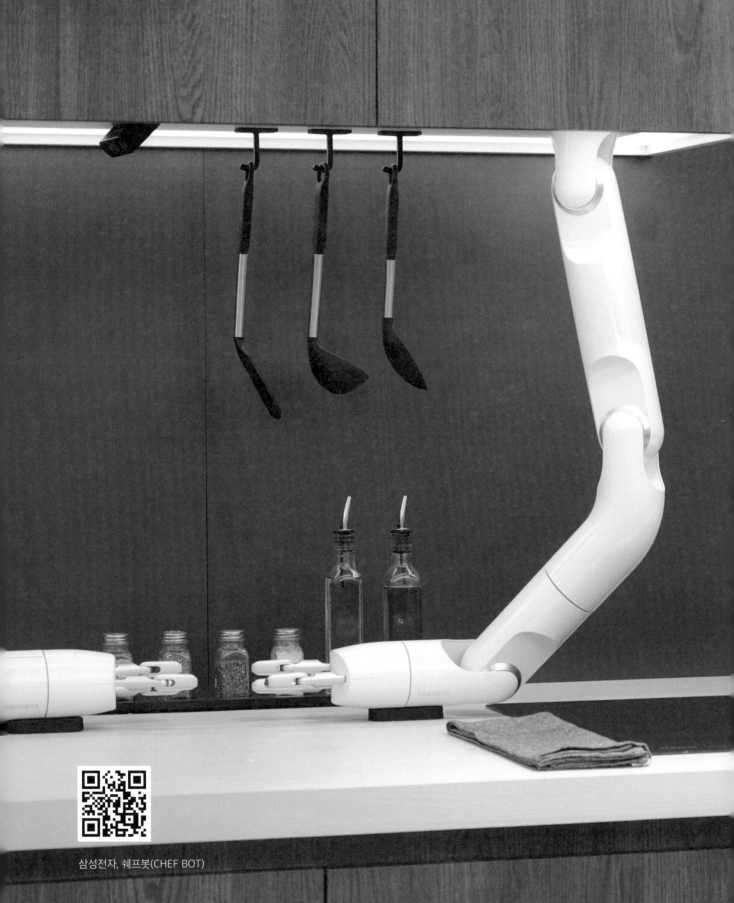

삼성전자, 쉐프봇(CHEF BOT)

요리 로봇

상업 공간에서 서빙 로봇에 이어 최근 확산되고 있는 로봇이 있다. 바로 키친 로봇이다. 주방의 로봇은 손님에게 직접 주문을 받거나 간단한 요리도 직접 수행한다. LG전자는 B2B 고객을 대상으로 클로이 로봇 기술검증(PoC)와 함께 로봇 B2B 사업에 착수한다는 계획을 발표했다. 로봇 팔의 형태를 가진 클로이는 자체 개발된 기술이 탑재되어 조리도구를 떨어트리지 않고 요리가 가능하며 설거지 뿐만 아니라 커피 바리스타의 역할까지 수행한다. LG전자의 자사 로봇 브랜드인 '클로이(CLOi)'는 레스토랑이나 빵집, 카페 같은 환경에서 반복해서 같은 음식을 만들거나 뜨거운 조리를 해야 하는 인력, 반복적으로 주문을 받아야 하는 서빙 인력 등을 로봇으로 대체할 수 있는 사업장을 우선적으로 고려하고 있다.

반면 삼성전자에서 발표한 삼성 봇 셰프는 본격적으로 가정에서 사용자의 요리 환경을 돕기 위해 만들어졌다. A.I. 기반의 로봇 팔은 음성 인식을 통해 사용자의 명령을 이해한다. 선반 안의 소금을 꺼내 달라고 요청하면 로봇 팔이 직접 선반의 문을 열고 소금을 꺼내 사용자의 앞에 가져다 놓으며, 뒤집개를 쥐고 프라이팬 위의 두부가 타지 않게 적절하게 구울 수도 있다.

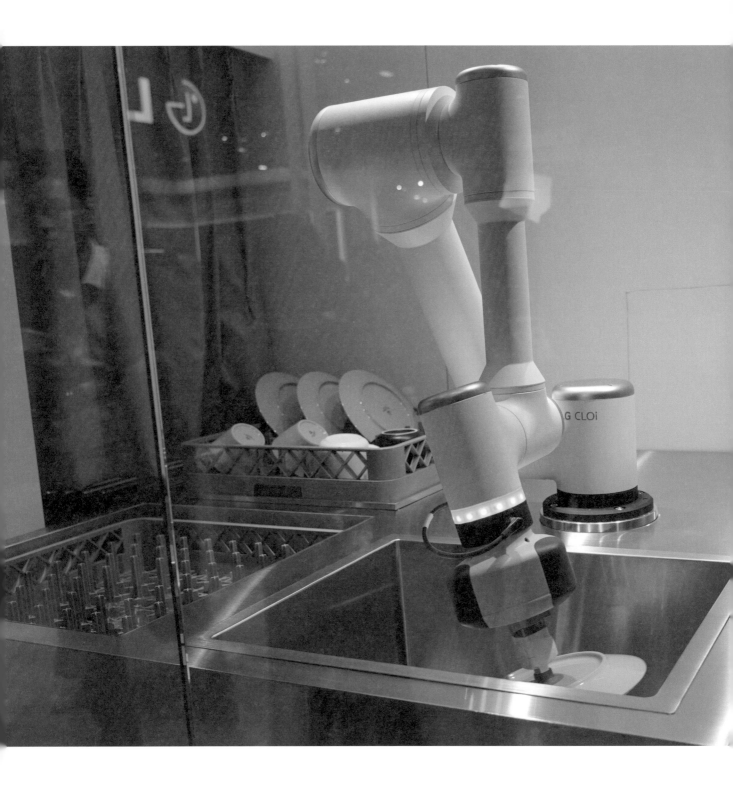

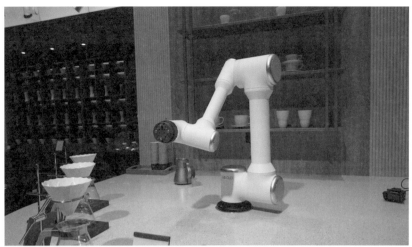

LG전자, 클로이(CLOi)
가장 왼쪽부터 시계순으로
설거지, 바리스타, 요리 로봇

그루브X(grooveX), 러봇(Lovot)

Life Companion

함께 살아가고 함께 성장하는

반려 로봇

커다란 눈에 따뜻한 온기를 지니고 있어 안아주면 편안함을 느낀다. 이 문장에서 강아지나 고양이를 떠올렸다면 이 로봇을 알아 두면 좋겠다. 일본 스타트업 그루브X(grooveX)가 개발한 '러봇(Lovot)'이다. 작년 CES에 이어 올해에도 나타난 이 귀여운 로봇은 별 기능이 없어도 제 몫을 다 한다. 겉모습은 귀여움으로 무장한 반면 몸 안에는 각종 센서가 자리잡고 있다. 머리 위의 짙어지고 있는 스피커 형태의 센서부에는 마이크, 온도 카메라, 심도 카메라, 자세 센서, 거리 센서, A.I. 칩셋, 기압 센서, 온도 및 습도 센서, 조도 센서 등을 가지고 주인을 따라다니면서 감정을 읽고, 상황에 따라 반응한다. 몸 전체에 자리잡은 20개 이상의 터치 센서는 사람이 만졌을 때 러봇이 반응하도록 하여 온 몸으로 귀여움을 수행한다.

삼성전자, 삼성 봇 에어(Samsung Bot Air), 볼리(Ballie)

삼성전자, 볼리(Ballie)

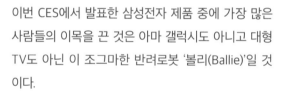

이번 CES에서 발표한 삼성전자 제품 중에 가장 많은 사람들의 이목을 끈 것은 아마 갤럭시도 아니고 대형 TV도 아닌 이 조그마한 반려로봇 '볼리(Ballie)'일 것이다.

볼리는 테니스 공과 비슷한 생김새를 가지고 있어 사용자가 부르면 공처럼 굴러와 사람을 졸졸 따라다닌다. 이 로봇은 귀여운 생김새와 달리 집안을 모니터링하며 주변 기기들을 통제하는 파수꾼의 역할을 수행한다. 사용자를 따라다니며 무엇이 필요한지를 먼저 판단하여 주변 기기에게 적절한 명령을 내리는데, 바닥에 이물질이 발생했을 때는 청소기에게 청소를 지시하며, 사용자가 운동 중에는 TV와 연동하여 사용자를 다양한 각도로 비춰주며 피트니스 도우미로 활약한다. 사랑받는 역할을 넘어서 우리를 돌봐 줄 수 있는 반려로봇의 가능성을 기대해본다.

유카이엔지니어링(Yukai Engineering), 쿠보(Qoobo)

엘리펀트로보틱스(Elephant Robotics), 마스캣(Marscat)

토룩(TOROOC), 리쿠(LIKU)

서큘러스(Circulus), 파이보(PIBO)

토룩(TOROOC), 리쿠(LIKU)

교육 로봇

로봇을 가장 선입견없이 바라볼 수 있는 존재는 아마 아이들이 아닐까 싶다. 순수한 아이들은 로봇이 선생님이 되고 친구가 되기에 가장 적합한 대상이다. 로봇 산업에 누구보다 적극적으로 투자하고 있는 중국은 미국과의 무역 전쟁 와중에도 로봇 전시관에서 만큼은 큰 존재감을 과시했다. 특히 한국과 비슷한 중국의 높은 교육열을 반영하듯, 다양한 형태와 기능을 가진 교육 로봇들이 등장했다.

유비테크(UBTECH), 스팀 교육(STEAM EDUCATION)

로이비(ROYBI), 로이비(ROYBI)

누와 로보틱스(Nuwa Robotics), 케비(Kebbi)

중국 케이 테크(KEYi Tech)의 '클릭봇(ClicBot)'은 아이들이 직접 로봇을 조립할 수 있도록 다양한 형태의 팟츠로 구성된 스마트 모듈 로봇이다. 레고를 가지고 놀 듯 다양한 형태로 로봇을 만들고 코딩을 통해 동작을 구성하는 이 모든 행위가 하나의 놀이처럼 제공되는데, 50개의 기본 구성 뿐만 아니라 1,000개 이상 구성 가능한 조합은 오랜 시간 동안 사용해도 창의력과 상상력을 발휘할 수 있도록 설계되었다. 또한 손으로 쓰다듬으면 반응을 하거나 동작에 맞춰 춤을 추는 등 200여개의 동작을 통해 다양한 상호작용이 이루어지는데 이처럼 형태와 동작의 자유로운 구성을 통해 로봇에게 개성을 부여하고 애정을 부여하는 행위는 아이 뿐만 아니라 어른들에게도 매력적으로 다가온다.

케이 테크(KEYi TECH), 클릭봇(ClicBot)

Empowering Me

새로운 버전의 나를 만들어주는

강화 로봇

올해 처음으로 CES에 참여한 델타 항공(Delta Airline)은 항공 서비스 외에도 뜻밖에 산업용 웨어러블 로봇을 선보였다. 바로 산업용 웨어러블 로봇을 개발하는 스타트업 사코스 로보틱스(Sarcos Robotics)와 손을 잡고 개발한 수하물 처리 및 정비 작업을 돕는 외골격 로봇 가디언 XO(Guardian XO)이다.

이 로봇을 착용하면 힘이 부족한 여성도 50kg가 넘는 수하물을 가뿐하게 들어올릴 수 있다. 전신 맥스 로봇은 최대 90kg의 짐까지 쉽게 들어올리는 것이 가능하다.

델타항공은 타 항공사 대비 첨단 기술을 빠르게 도입하여 혁신적인 서비스를 제공하는 항공사로 알려져 있다. 이 외골격 로봇 개발 역시 델타항공의 직원이 직접 개발에 참여하였으며, 실제 필드 투입을 위해 시범 테스트를 진행 중이다. 이처럼 로봇 기술은 산업의 가장 필요한 곳에서부터 빠르게 발전하고 있다.

강화 로봇은 엑소 스켈레톤(Exo-Skeleton)이라는 착용복의 형태로 사용자에게 기계적으로 힘을 더해주는 시스템이다. 산업용 혹은 군용과 장애인 혹은 노인들의 재활 및 보행 보조용 로봇들이 있다.

델타항공(Delta Airline), 가디언 XO(Guardian XO)

델타항공(Delta Airline), 가디언 XO(Guardian XO)

탁구치는 로봇

1인 탁구의 시대가 열렸다. 일본의 전자제어 시스템 제조업체인 오므론(OMRON)의 탁구 로봇 '포르페우스(Forpheus)'는 사람에게 탁구를 가르치고 스스로 운동 상대가 되어준다. 탁구공이 던져진 찰나의 순간에 사람과 공의 움직임을 감지하여 예상 방향에 따라 팔을 움직여 공을 정확한 방향으로 쳐낸다. 이러한 움직임이 가능한 이유는 로봇에 탑재한 4대의 카메라를 사용하여 빠른 속도로 사람의 움직임, 공의 궤도, 방향 등을 0.001초 내로 추적하여 6축의 모터를 단 로봇 팔이 예측된 경로로 이동하여 공을 쳐낼 수 있기 때문이다. 포르페우스의 A.I.는 상대의 움직임 뿐만 아니라 감정, 신체 상태 등을 파악하여 상대방의 수준에 맞춰 경기를 지속한다. 이는 상대방이 동기 부여를 할 수 있는 정도로만 경기를 하도록 난이도를 스스로 판단해 조절한다는 뜻이다. 3년째 CES에 선보이고 있는 오므론은 시간이 지나면서 점차 진화하는 모습을 보여주고 있다.

오므론(OMRON), 포르페우스(Forpheus)

오므론(OMRON), 포르페우스(Forpheus)
경기 참여자의 게임 수준, 심박수, 움직임 뿐만 아니라
감정까지 측정하여 적절한 난이도의 게임을 진행한다.

PLAYER SENSING

Heart Rate
88 bpm

Smile Level
7

Blink Frequency
1 blinks/10s

OMRON

Protecting People

or ⊙ using #OMRONforST

rt girls in

d Social Solutions
dules

EUS

수영 로봇

물에만 들어가면 맥주병처럼 허우적대는 사람이거나
혹은 수영은 잘 못하지만 물속에서 긴 시간을 보내길
원하는 사람이라면 이 제품에 주목해보면 좋을 듯하
다. 실제 전시장에 수중 탱크를 설치하여 물 속에서
직접 제품 시연을 보여주기도 한 수블루(Sublue)의
Mix Pro는 소형 이중 프로펠러가 달린 수중 스쿠터
장치로 최대 60분 동안 4mph의 속도로 물을 통과할
수 있다. 이 스쿠터를 운전하여 수면 약 40미터까지
내려갈 수 있으며 탈착식 부력 탱크를 사용하면 수면
아래 5미터 아래에서 수영하는 것도 가능하다. 현재
판매되는 제품도 있으니 이번 여름 휴가에는 이 수영
로봇과 함께 해저 탐험을 떠나보는 것도 색다른 경험
이 될 것이다.

수블루(Sublue), 수블루 믹스 프로(SUBLUE Mix Pro)

Keyword #03

New
way of Commuting

출근하는 새로운 방법

New way
of Commuting

출근하는 새로운 방법

넌 차 타고 출근하니?
난 드론 타고 출근한다.

꽉 막힌 도로에서 무작정 시간을 보내는 대신 하늘 위에
서 여유롭게 출퇴근할 날이 얼마 남지 않았을 지도 모른다.

대표적인 전자기업인 소니에서까지 자율 주행 컨셉
카를 앞다투어 출품하는 것 같이, 전통적인 자동차
회사 뿐 만이 아니라 다양한 산업 분야에서 수많은
자율 주행 컨셉 카들이 쏟아져 나오고 있다.

그러나 실제로 이러한 자율 주행 차들이 상용화 되
기까지 안전성은 둘째 치더라도 법률, 제도, 보험,
윤리 등 다양한 문제에 직면해 있는 것이 사실이다.
때문에 땅이 아닌 하늘로 눈을 돌린 기업들이 눈에
띄는 한 해가 될 전망이다.

실제로 차량 정체로 악명 높은 브라질 상파울루의
경우 이미 2016년부터 우버 헬리콥터 택시 서비스

를 시작 했다고 하니, 드론을 타고 출퇴근 하는 것이
자율 주행 차 보다는 좀 더 현실적으로 보인다.

원하는 목적지까지 가는 것이 아니라, 거점 지역까
지 도착하는 플라잉 택시의 특성 고려 시, 최종 목
적지까지 가도록 도와주는 라스트 마일 모빌리티
역시 함께 주목해볼 만하다.

또한 이러한 라스트 마일 모빌리티의 발전과 함께,
안전을 위해 필수적으로 착용해야 하는 헬멧 등의
가젯도 라이프 스타일에 맞게 적용되어 변화할 것
으로 전망된다.

현대자동차, 허브(Hub)

플라잉 모빌리티

지금까지 도로를 달리는 자동차 만을 상상해 왔다면 현대자동차에서 발표한 개인용 비행체(PAV: Personal Air Vehicle)를 주목해야 할 것 같다. 자동차 제조회사가 아닌 새로운 스마트 모빌리티 솔루션을 제시하는 기업으로 전환하기 위해 이번 CES에서 최초로 공개한 미래 모빌리티 S-A1는 개인용 비행체(PAV)을 기반으로 한 도심 항공 모빌리티(UAM:Urban Air Mobility) 컨셉트로 승차 공유 서비스 업체인 우버와의 협업을 통해 개발 중이다. 현대자동차는 항공기를 개발하고, 우버는 미국 항공우주국(NASA) 등과의 공동연구를 통해 개발한 도심 항공 모빌리티 서비스를 제공한다. S-A1은 전기 추진방식으로 활주로 없이 수직 이착륙(eVTOL:electric Vertical Take-Off and Landing)이 가능하며 총 8개의 프로펠러로 최대 약 100km를 비행할 수 있다. 조종사를 포함해 5명이 탑승 가능하며, 향후 자율비행으로 개발할 예정이다. 지상에서 항공으로 초점이 맞춰지면서 지상과 하늘을 연결하는 환승 거점을 촘촘히 연결하는 다양한 모빌리티 컨셉트도 함께 제시했다.

현대자동차, S-A1

현대자동차, S-A1

벨(Bell), 넥서스(Nexus)

전통적 헬리콥터 제조사인 벨(Bell)도 에어택시용 항공기 '넥서스'를 전시하며 실제 내부의 모습까지 공개했다. 작년에 프로토타입을 공개한 이후 업그레이드된 버전으로 미니 사이즈의 도심 모형에서 드론 크기의 넥서스 여러 대가 건물 위를 비행하면서 이착륙하는 장면을 연출했고, 항공 택시를 예약하기 위한 시스템을 마이크로소프트(MS)와 함께 개발하고 있다.

항공 모빌리티는 도심의 교통체증을 해소하고, 모빌리티 서비스(Mobility as a Service)와 인공지능이 결합되어 이동이 필요한 사람과 모빌리티를 촘촘히 연결한다. 자율주행 자동차가 해결하지 못한 법적 규제, 윤리적 판단 등은 시간에 맡기고 항공 택시가 이용 가능한 선의 비용으로 상용화될 날을 기다려보는 것도 좋겠다.

세그웨이 나인봇(Segway-Ninebot), 에스-팟(S-Pod)

라스트마일 모빌리티

도심에서 누구나 편리하게 이용할 수 있는 대중교통이 해결해주지 못하는 것이 있다면 바로 목적지 문 앞까지 이동이 어렵다는 점이다. 이러한 문제를 해결하기 위한 다양한 형태의 새로운 라스트 마일 모빌리티가 등장하고 있다.

세그웨이 나인봇(Segway-Ninebot)이 공개한 S-팟(S-Pod)는 세그웨이가 가진 최신 자율 균형 기술을 적용하여 서서 탈 필요가 없는 휠체어와 유사한 모빌리티이다. 이전의 세그웨이 제품들이 선 상태에서 앞 뒤로 균형을 맞추어 가며 타야 했다면, S-팟은 탑승자가 앉기만 하면 스스로 균형을 조절하여 시속 39km의 속도로 캠퍼스, 테마파크, 공항 등 비좁은 도심을 자유롭게 누빌 수 있다. 좌석 오른쪽에 위치한 조이스틱을 통해 제어하는 방식으로, 몸의 무게 중심으로 방향을 조절했던 기존의 세그웨이 방식을 이용하기 어려운 노약자나 장애인들도 쉽게 제어가 가능하다.

기존의 라스트 마일 모빌리티가 자전거나 스쿠터처럼 약간의 위험을 감수하면서 즐거움을 추구하는 레저나 액티비티에 가까웠다면 미래에는 점차 자동차처럼 편안하게 이동 가능하면서 누구나 탈 수 있는 접근성을 제공하는 형태로 이용될 것이다.

Future Display
Becomes Reality

작아졌다 커졌다, 사라졌다 나타났다,
현실이 된 미래 디스플레이

Future Display
Becomes
Reality

작아졌다 커졌다,
사라졌다 나타났다,
현실이 된 미래 디스플레이

영화 <아이언 맨>에서 등장하는 주인공 토니 스타크의 연구실을 한 번 떠올려 보자. 수 많은 투명 디스플레이를 띄워 놓은 채 자료를 보거나, 보던 디스플레이를 손으로 구겨서 쓰레기통에 버리거나, 불투명한 유리창이 갑자기 투명하게 바뀌면서 날씨, 뉴스 같은 정보를 전달해주는 등 다양한 디스플레이들을 볼 수 있다.

CES 2020에서는 화소 전쟁을 넘어 접히는 디스플레이부터, 투명 디스플레이, 나아가 여러 명이 동시에 동일한 화면에서 다른 컨텐츠를 보는 멀티뷰 스크린까지 다양한 타입의 미래형 디스플레이들이 선보이며 영화 속 미래를 현실로 만들고 있는 과정을 확인할 수 있었다.

플렉서블/폴더블 디스플레이

더 이상 접히고 구부러지는 화면은 놀랍지 않지만 이 기술이 어디에 활용될 수 있는지가 궁금해지는 시점이 다가왔다. 몇 년 전에 단일 기술로 선보인 플렉서블 디스플레이가 작년 초부터 제품의 형태로 등장하기 시작했는데 LG전자의 롤러블TV 컨셉을 시작으로, 삼성전자의 갤럭시 폴드는 실제 출시되어 전세계에 판매가 되고 있다.

2019년 삼성전자의 갤럭시 폴드가 연일 매진되며 글로벌 폴더블 스마트 폰 대전이 본격 시작되었다면, 이번 CES에 새롭게 등장한 제품은 바로 폴더블 노트북이다. 델(Dell)은 폴더블 노트북 컨셉트 Ori와 Duet을 선보였다. Ori는 Origami(종이접기)의 줄임말로, 반으로 접을 수 있는 13인치 터치 스크린이 내장되어 있어 작게 접어 가방에 보관하거나 펼쳐서 풀사이즈로 사용할 수 있다. 또다른 컨셉인 Duet은 듀얼 디스플레이를 사용하여 접었을 때 하단 디스플레이가 터치 키보드 혹은 터치패드로 전환되고, 물리적 키보드를 화면 위에 장착하여 사용할 수도 있기 때문에 Ori보다 좀 더 현실적인 대안이라 할 수 있다.

레노버(Lenovo) 또한 델과 유사한 폴더블 PC 'ThinkPad X1 Fold'를 발표했는데 이 제품은 컨셉이 아닌 이번 여름에 실제로 출시될 예정이다. 이 제품 역시 13.3인치 화면에 LG디스플레이의 폴더블 OLED 디스플레이를 사용했으며 별도의 터치 펜과 블루투스 노트북을 확장하여 사용할 수 있다.

레노버(Lenovo), 씽크패드 엑스원 폴드(ThinkPad X1 Fold)

델(Dell), 컨셉 오리 앤 듀엣(Concept Ori & Duet)

LG전자, 엘지 시그니처 올레드 알(LG SIGNATURE OLED R)

롤러블 디스플레이

일반적으로 TV는 가정에서 TV 장 위나, 벽에다 걸어 두는 경우가 대부분이었다. 그러나 롤러블 TV의 상용화로 인해 TV의 사용 위치에 대한 스테레오 타입은 조만간 깨질 예정이다.

CES 2018에서 롤러블 TV의 전신이라 할 수 있는 LG 디스플레이가 최초로 공개된 이래로, CES 2019에서 세계 최초로 선보인 롤러블(Rollable·두루마리형) TV인 'LG 시그니처 올레드(OLED)'의 차기작으로 롤 다운(roll down) 형태의 새로운 롤러블 TV를 CES 2020에서 공개했다. 롤 다운 방식의 경우, 바닥이 아닌 천장이나 창틀에 매립 가능한 TV로, TV의 위치에 따라 공간 구성을 결정해야했던 기존의 인테리어 방식에서 벗어나 주변 인테리어와의 조화는 물론, 창의적인 공간 구성을 통해 새로운 라이프스타일을 선사한다. 기술의 안정화에 자신감을 내비친 LG 롤러블 TV의 경우 2020 상반기 시그니쳐 라인으로 출시 될 예정이다.

스카이워스(Skyworth), 투명 디스플레이 TV

투명 디스플레이

초대형 OLED 디스플레이와 폴더블 디스플레이 틈에서 존재감은 적었지만 리테일 분야에서 눈 여겨 볼만한 기술 중 하나가 바로 투명 디스플레이다.

LG디스플레이는 40%의 투과율을 가진 투명 OLED 디스플레이 너머로 실제 셔츠에 단추를 변경하거나 이름을 자수로 새길 수 있도록 맞춤 제작 가능한 시뮬레이션을 선보였으며, 중국의 TV 제조사 Skyworth는 다양한 크기의 투명 TV를 선보여 눈길을 끌었다. 하지만 디스플레이 기술의 한계로 투과도가 낮아 선명하지 않은 화면 탓에 당장은 가정에서의 활용보다는 리테일 분야에서 광고용이나 상품 정보 제공용 등으로 활용될 여지가 높아 보인다.

샤프(SHARP), 90인치 투명디스플레이 쇼 윈도

멀티 디스플레이

올해 처음 CES에 참여한 델타 항공은 고객에게 여행에 대한 다채로운 경험을 제공할 수 있는 다양한 기술과 서비스를 선보였다. 특히 주목받은 것은 공항을 이용하는 다수의 이용객들이 하나의 화면으로 각기 다른 화면을 볼 수 있는 멀티뷰 스크린, '평행 현실(Parallel Reality)'라는 스크린 기술이었다. 이 기술이 적용된 공항 스크린은 나만을 위한 안내판이 되어 동시에 여러 명이 같은 화면을 보고 있어도 승객의 눈에는 서로 다른 화면이 보인다. 탑승권을 스캔할 때 사용 언어를 선택하면 보안 검색대를 지난 뒤에는 멀티 스크린에서 사용자가 선택한 언어로 정보가 표시되며, 각자에게 필요한 정보를 맞춤형으로 제공한다. 델타는 올 여름 미국 디트로이트 공항에서 이 기술이 적용된 서비스를 테스트할 예정이다. 공항 뿐만 아니라 스포츠 경기장, 테마 파크, 컨벤션 센터 등 사람이 많이 모이는 거의 모든 공간에서 이 기술이 활용될 것으로 보인다.

델타항공(Delta Airline), 평행현실(Parallel Reality) 소개 영상 중에서

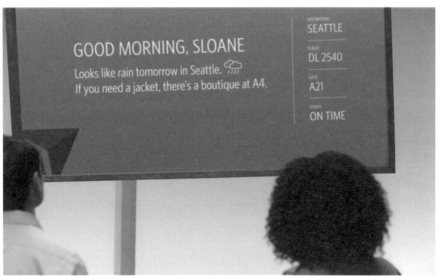

반응형 컨텐츠를 통한 짧지만
몰입감 있는 시청 경험

숏 폼(Short-form) 플랫폼

넷플릭스, 디즈니 플러스, 유튜브 프리미엄까지 바야흐로 스트리밍 서비스의 전성시대이다. 이러한 치열한 스트리밍 경쟁속에서 퀴비(Quibi)라는 새로운 서비스가 도전장을 내밀었다.(*2020년 4월 6일부터 서비스 시작 예정)

기본적으로 퀴비는 유튜브 같이 짧은 분량의 영상을 시청하는 것을 선호하는 Z세대(1990년대 중반생 ~ 2010년대 초반에 출생한 세대)를 타겟으로 영화와 드라마를 5분에서 10분 사이의 짧은 분량의 클립으로 나뉘어 매일 공개하는 모바일 스트리밍 서비스라고 할 수 있다.

그러나 퀴비의 가장 큰 특징은 단순히 짧은 모바일 컨텐츠를 제공하는 것이 아니다. 퀴비의 비밀 무기는 '턴스타일(Turnstyle)'이라는 독특한 기술이라고 볼 수 있다. 이 기술은 어떤 방향에서 영상을 시청하더라도 사용자가 해당 영상을 몰입감 있게 온전히 감상할 수 있게 하는 것인데 가로, 세로 등 방향에 상관없이 최적의 장면을 선사한다. 사운드 역시 보고 있는 방향에 맞춰진 형태로 재생된다.

가령 동영상을 가로로 볼 때는 도망치는 주인공을 클로즈업하고 세로 방향이 되면 급하게 연락을 취하는 주인공의 스마트폰 화면을 보여주는 식이다.

"아침 7시부터 저녁 7시까지 이동 중 시청하는 콘텐츠다"

휘트먼 CEO 말처럼 퀴비는 저녁 식사를 마치고 소파에 앉아 2시간 동안 영화를 시청하는 게 아닌 짧은 시간내 몰입감 있는 경험으로 당신의 여유 시간을 채울 것이다.

Keyword #05

Evolution of Wearable

단순 커뮤니케이션, 피트니스의 영역을 넘어,
일상적 의료 관리 영역으로

Evolution of Wearable

단순 커뮤니케이션, 피트니스의 영역을 넘어,
일상적 의료 관리 영역으로

웨어러블의 진화라고?
웨어러블이면 그냥 문자 확인하고, 걸음 수 체크해주는
거 아냐? 스마트 폰이 다 해주는데 굳이 필요한가? 라는
생각을 당신은 이미 하고 있을지 모른다.

2015년부터 웨어러블 디바이스의 위기, 웨어러블 시대의 종말이라는 이야기가 나오기 시작했다. 실제로 촉망받던 웨어러블 제조사들이 사라지거나, 시장에서 실망스러운 성적을 보여주고 있는 것이 사실이다.

현재 우리가 접하고 있는 상용화된 웨어러블은 종전의 장밋빛 기대와는 달리 커뮤니케이션을 원활하게 해주는 가젯으로 사용되거나, 단순 활동 정보 (페도미터, 심박수, 수면 패턴 등)을 측정하고 그 데이터를 단편적으로 보여주는데 그치고 있어 그 효용성에 많은 사람들이 회의를 가지게 했다.

그렇다면, 웨어러블은 정말 이대로 사라질 것인가? 정답부터 말하자면 "아니다" 이다.

현재의 웨어러블은 분명 어려운 시기를 지나고 있지만, 그러한 와중에도 웨어러블 산업 안팎에서는

많은 변화와 기술의 발전이 이루어지고 있다.

CES 2020에서는 단순한 호기심 차원이 아닌 사용자에게 필요한 기능과 서비스를 제공하는 의료용 헬스케어 웨어러블들이 많은 주목을 받았다. 따로 의료 기기를 구입하거나 병원에 가야만 얻을 수 있었던 데이터를 일상생활 속에서 언제든 측정할 수 있다는 것은 특정 질병관리라는 명확한 목적을 가진 사용자들에게는 분명 유의미한 의미를 가진다.

특히 비약적인 A.I.(인공지능)의 발전은 앞으로의 웨어러블 디바이스가 데이터를 연속적이고 지속적으로 모니터링하고 나아가 분석하여 환자의 상태를 파악하고 예측까지 가능하도록 할 것으로 보여진다.

어메이즈핏(Amazfit), 스마트밴드(Smart Band)

착용형 혈당/혈압/무호흡 모니터링

CES 혁신상을 수상한 에어베틱(AerBetic)의 비침습
성 당뇨병 모니터는 혈액이나 체액이 아닌 호흡을 사
용하여 당뇨병 상태를 유추한다. 작은 동전 모양으로
목에 걸거나, 시계처럼 착용할 수 있어 필요한 상황에
언제든 측정이 가능하다. 기기에 탑재된 나노 가스
센서를 사용하여 호흡을 통해 인체가 방출하는 특정
가스를 감지하는데 사용 기간이 늘어날수록 사람의 고
유한 호흡 특성을 파악하여 측정 시 정확도가 올라간다.

에어베틱(AerBetic), 비침습성 당뇨병 모니터

메디컬 웨어러블 기기의 국내 사용이 규제에 의해 불가능한 상황에서도 국내 중소기업 제품들이 두각을 나타내고 있다. 참케어는 세상에서 가장 작은 혈압계를 선보였는데 스마트 워치 형태의 H2-BP는 한의사들이 손목의 요골동맥을 짚어 혈압을 감지하는 원리를 이용해 만들어졌다. 요골동맥에서 맥을 측정하기 때문에 정확한 측정이 가능하다고 한다. 기존에 크고 무거운 혈압계에 비해 작고 가벼우며 43g의 무게로 언제나 손목에 차고 다니면서 혈압 측정이 가능하다.

참케어(CharmCare), H2-BP

프랑스 스마트 워치 제조사인 위딩스(Withings)의 '스캔 워치(Scanwatch)'는 수면 무호흡 감지 기능을 최초로 탑재한 스마트 워치. 하루 24시간 내내 심장 활동을 모니터링하면서 심박수의 이상이 발생했을 때 알려주고, 3개의 전극으로 측정하는 심전도(ECG) 정확도 또한 뛰어나다. 시계 화면에는 몇 가지 화면이 전환되며 심전도가 함께 표시되는데 앱에서는 자세한 분석 결과를 확인할 수 있다. 이 제품의 가장 혁신적인 기능인 수면 모니터링은 손목 혈관에 광센서를 쏘아 혈액의 산소량을 측정하는 방식으로 산소 수치가 낮아지면서 발생하는 수면 무호흡증이나 수면 중 호흡 정지를 감지하여 경고해 준다.

위딩스(Withings), 스캔 워치(Scanwatch)

낙상 방지 경고

국내 헬스케어 스타트업 웰트(Welt)의 '웰트 스마트 벨트 프로(Welt Smart Belt Pro)'는 넘어지기 전에 낙상을 예방하는 기능을 세계 최초로 탑재했다. 몸의 중심에 위치한 센서의 측정 신호를 통해 미세한 걸음의 패턴을 감지해내는데, 이 보행 패턴이 무너지는 것을 분석하여 위험을 사전에 예측할 수 있다. 허리둘레, 앉은 시간, 과식 여부, 걸음 수까지 측정해 준다.

엘리텍(Elitac)의 전자 섬유를 기반으로 한 밸런스 벨트(BalanceBelt)는 심각한 균형 장애를 가진 사람들이 지팡이나 휠체어의 도움 없이 보행할 수 있도록 도와준다. 벨트는 햅틱 피드백을 통해 사용자가 직관적으로 반응하여 균형 감각을 회복하도록 도와준다. 사용자의 신체가 균형을 잃을 위험이 있는 경우에 진동 경고가 제공된다.

웰트(Welt), 웰트 스마트 벨트 프로(Welt Smart Belt Pro)

참고

인공인간

1. 스타랩(STAR Labs), 프로젝트 네온(NEON)

https://www.neon.life/

가상 홈 피트니스

2. 삼성전자, 젬스

https://news.samsung.com/us/samsung-age-of-experience-keynote-ces-2020/

3. 어메이즈핏(Amazfit), 홈스튜디오(HomeStudio)

https://en.amazfit.com/homestudio.html

맞춤형 스타일 제안

4. LG전자, 씽큐 핏 콜렉션(ThinQ Fit Collection)

https://www.lg.com/global/about-lg/lg-videos/lg-at-ces-2020-lg-thinq-fit-collection

맞춤형 마스크 팩

5. 아모레퍼시픽, 3D 프린팅 맞춤 마스크팩

https://www.ces.tech/Innovation-Awards/ Honorees/2020/Honorees/T/Tailored-Facial-Mask-Pack-3D-Printing-System.aspx

맞춤형 화장품 제조기

6. 로레알(L'Oreal, 페르소(Perso)

https://www.loreal.com/media/news/2020/january/perso-ces-innovation

반응형 스마트 키친

7. GE(General Electric), 시프트(Shift)

https://youtu.be/cXYbQY5lyB4

스마트 워터 시스템

8. 콜러(KOHLER), 커넥트(Konnect)

https://www.smarthome.kohler.com/

가정용 식물 재배기

9. LG전자, 식물 재배기

http://www.lgnewsroom.com/2019/12/lg-leverages-appliance-know-how-to-develop-first-indoor-vegetable-cultivator/

10. 삼성전자, 비스포크 플랜트(Bespoke Plant)

https://www.popsci.com/story/technology/samsung-bespoke-plant-fridge/

11. GE(General Electric), 홈 그로운(Home Grown)

https://pressroom.geappliances.com/news/ge-appliances-reimagines-the-home-at-ces-2020

생체 동기화 모빌리티

12. 메르세데스벤츠(Mercedes-Benz), 아바타(AVTR)

https://www.mercedes-benz.com/en/vehicles/passenger-cars/mercedes-benz-concept-cars/vision-avtr/

컨시어지/ 서빙 로봇

13. LG전자, 클로이 테이블(CLOi's table zone)

https://youtu.be/_AmMLCwTnG8

14. 푸두테크(PUDUTECH), 벨라봇(Bellabot)

https://pudutech.com/

요리로봇

15. LG전자, 클로이 테이블(CLOi's table zone)

https://youtu.be/_AmMLCwTnG8

16. 삼성전자, 삼성봇 쉐프(Samsung bot chef)

http://bit.ly/2DSRCMS

반려로봇

17. 그루브X(grooveX), 러봇(Lovot)

https://lovot.life/en

18. 삼성전자, 볼리(Ballie)

https://news.samsung.com/us/samsung-ballie-ces-2020/#)

19. 유카이엔지니어링(Yukai Engineering), 쿠보(Qoobo)

https://qoobo.info/index-en/

20. 엘리펀트로보틱스(Elephant Robotics), 마스캣(Marscat)

https://www.elephantrobotics.com/en/mars-en/

21. 토룩(TOROOC), 리쿠(LIKU)

http://www.likuwith.me/

22. 서큘러스(Circulus), 파이보(PIBO)

https://pibo.circul.us/

교육로봇

23. 유비테크(UBTECH), 스팀 교육(STEAM EDUCATION)

http://www.ubtechedu.com/global/

24. 로이비(ROYBI), 로이비(ROYBI)

https://roybirobot.com/

25. 누와 로보틱스(Nuwa Robotics), 케비(Kebbi)

https://www.nuwarobotics.com/air

26. 케이 테크(KEYiTECH), 클릭봇(ClicBot)

https://clicbot.keyirobot.com

강화 로봇

27. 델타항공(Delta Airline), 가디언 XO(Guardian XO)

https://news.delta.com/delta-first-airline-explore-first-its-kind-wearable-robotic-exoskeleton-bolster-employee-strength

탁구치는 로봇

28. 오므론(OMRON), 포르페우스(Forpheus)

https://www.omron.com/innovation/forpheus.html

수영 로봇

29. 수블루(Sublue), 수블루 믹스 프로(Suble Mix Pro)

https://www.ces.tech/Innovation-Awards/Honorees/ 2020/Honorees/S/Sublue-Mix-ProSublue-Mix-Pro.aspx

플라잉 모빌리티

30. 현대자동차, S-A1

http://young.hyundai.com/hyundai/news/detail.do?seq=7129

31. 벨(Bell), 넥서스(Nexus)

https://www.bellflight.com/products/bell-nexus

라스트마일 모빌리티

32. 세그웨이 나인봇(Segway-Ninebot), 에스-팟(S-Pod)

https://www.segway.com/segway-s-pod

플렉서블/폴더블 디스플레이

33. 델(Dell), 컨셉 오리 앤 듀엣(Concept Ori & Duet)

https://www.dell.com/en-us/mpp/cp/ces-dell-product-awards

34. 레노버(Lenovo), 씽크패드 엑스원 폴드(ThinkPad X1 Fold)

https://news.lenovo.com/pressroom/press-releases/worlds-first-foldable-pc-thinkpad-x1-fold-ushers-in-a-new-era-of-mobile-computing/

롤러블 디스플레이

35. LG전자, 엘지 시그니처 올레드 알(LG SIGNATURE OLED R)

https://www.lg.com/us/tvs/lg-OLED65R9PUA-signature-oled-4k-tv

투명 디스플레이

36. LG디스플레이, 투명 OLED 디스플레이

http://www.lgdisplay.com/eng/prcenter/newsView?articleMgtNo=5218

37. 스카이워스(Skyworth), 투명 디스플레이 TV

http://www.iskyworth.com/

38. 샤프(SHARP), 90인치 투명디스플레이 쇼 윈도

https://global.sharp/brand/globalevents/ces2020/business/

멀티 디스플레이

40. 델타항공(Delta Airline), 평행현실(Parallel Reality)

https://news.delta.com/delta-will-launch-parallel-realitytm-tech-serve-airport-messages-tailored-individual-travelers

반응형 컨텐츠

41. 퀴비(Quibi), 숏 폼 플랫폼(Short-form Platform)

https://quibi.com/

착용형 혈당/혈압/무호흡 모니터링

42. 어메이즈핏(Amazfit), 스마트밴드(Smart Band)

https://en.amazfit.com/

43. 에어베틱(AerBetic), 비침습성 당뇨병 모니터

https://www.aerbetic.com/

44. 참케어(CharmCare), H2-BP

https://h2care.co.kr/

45. 위딩스(Withings), 스캔 워치(Scanwatch)

https://www.withings.com/be/en/scanwatch

낙상 방지 경고

46. 웰트(Welt), 웰트 스마트 벨트 프로(WELT Smart Belt Pro) https://www.weltcorp.com/

47. 엘리택(Elitac), 밸런스 벨트(Balance Belt)

https://elitacwearables.com/

Behind CES 2020

디브리프 팀이 CES 2020 방문 경험을
반영하여 제공하는 교통, 숙소, 카페와 식당 등
다양한 정보를 모아보았다. 다양한 출장 경험을
바탕으로 추천하는 특급 정보이다.

Behind CES 2020

교통

CES 기간 동안 라스베가스 내 호텔과 행사장을 오고 가는 다양한 교통편이 제공 된다. 라스베가스 중심부와 행사장을 관통하는 모노레일은 정류장에 인접한 호텔이 몇 달 전부터 만실이 되는 경우가 많고 행사기간에 가까워질수록 가격도 천정부지로 치솟기 때문에 굳이 모노레일을 고수하지 않아도 된다면 라스베가스 주요 호텔에서 제공하는 무료 셔틀 버스나 우버 같은 공유 택시를 이용하는 것을 추천한다.

CES 기간 동안에는 주요 호텔들을 연결하는 무료 셔틀 버스가 운영된다.

무료 셔틀 버스를 운영하는 호텔 리스트 CES 2020 기준			
	Delano	Westin Las Vegas	Park MGM
	Mandalay Bay	Mirage	Vdara at city center
	Tropicana	Treasure Island	Encore at Wynn
	Excalibur	Circus Circus	Alexis Park
	Luxor	Hilton Vacation Suites on Paradise	Elara
	MGM Grand		The D las Vegas
	New York New York	Hilton Vacation Suites on the LV Blvd	Downtown Grand
	Signature at MGM		Golden Nugget
	Bellagio	ARIA	Plaza

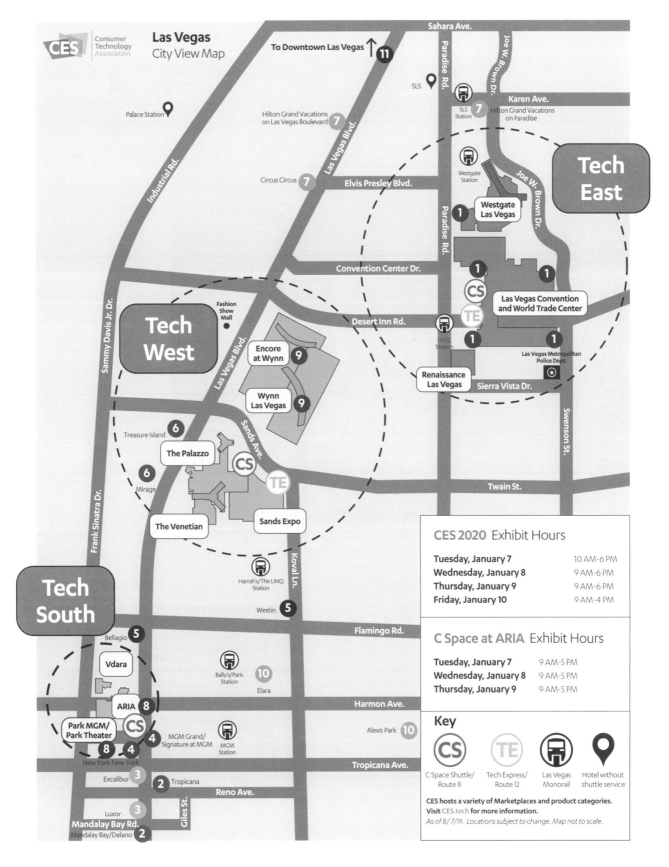

CES Consumer Technology Association™

Las Vegas
City View Map

To Downtown Las Vegas ↑ **11**

Sahara Ave.

Palace Station

Hilton Grand Vacations on Las Vegas Boulevard **7**

Circus Circus **7**

Elvis Presley Blvd.

Joe W. Brown Dr.

Paradise Rd.

Karen Ave.

SLS

SLS Station **7** Hilton Grand Vacations on Paradise

Westgate Station

Tech East

Westgate Las Vegas **1**

Convention Center Dr.

CS

TE

Las Vegas Convention and World Trade Center **1**

1

Tech West

Fashion Show Mall

Encore at Wynn **9**

Wynn Las Vegas **9**

Desert Inn Rd.

Renaissance Las Vegas

Sierra Vista Dr.

LVCC Station **1**

1

Las Vegas Metropolitan Police Dept. ☆

Swenson St.

Sands Ave.

Treasure Island **6**

The Palazzo

Mirage **6**

The Venetian

CS

TE

Sands Expo

Twain St.

Koval Ln.

Harrah's/The LINQ Station

Westin **5**

Flamingo Rd.

Tech South

Bellagio **5**

Vdara

ARIA **8**

Park MGM/ Park Theater **CS**

4

8 **4**

New York New York

Bally's/Paris Station

Elara **10**

Harmon Ave.

MGM Grand/ Signature at MGM **4**

MGM Station

Alexis Park **10**

Excalibur **3**

Tropicana **2** Tropicana

Reno Ave.

Tropicana Ave.

Luxor **3**

Mandalay Bay Rd.

Mandalay Bay/Delano **2**

Giles St.

Sammy Davis Jr. Dr.

Industrial Rd.

Las Vegas Blvd.

Frank Sinatra Dr.

CES 2020 Exhibit Hours

Tuesday, January 7	10 AM-6 PM
Wednesday, January 8	9 AM-6 PM
Thursday, January 9	9 AM-6 PM
Friday, January 10	9 AM-4 PM

C Space at ARIA Exhibit Hours

Tuesday, January 7	9 AM-5 PM
Wednesday, January 8	9 AM-5 PM
Thursday, January 9	9 AM-5 PM

Key

CS C Space Shuttle/ Route 8

TE Tech Express/ Route 12

🚌 Las Vegas Monorail

📍 Hotel without shuttle service

CES hosts a variety of Marketplaces and product categories.
Visit CES.tech for more information.
As of 8/ 7/19. Locations subject to change. Map not to scale.

숙소

평소에는 저렴한 호텔비로 유명한 라스베가스지만 CES 기간 동안에는 숙박비가 매우 비싸진다. 위치, 가격, 시설 등을 고려하여 최적의 숙소를 미리 선점해두면 좋겠지만 그게 어디 쉬운 일인가. 앞서 교통편에서 소개한 무료 셔틀을 제공하는 호텔의 경우 CES 행사장과의 이동이 수월하기 때문에 숙소 선택 시 우선적으로 고려해볼만 하다. 그 중에서 메인 스트립 숙소 가격 대비 위치와 시설이 만족스러웠던 우리의 숙소를 조심스레 추천해본다.

메인 스트립에서 좀 떨어져 있지만 카지노가 없어 담배냄새가 올라오지 않고,
방마다 주방 시설 및 세탁기/건조기까지 구비 되어 있어 편리했던 힐튼 호텔 (사진출처 Trivago)

Hilton Grand Vacations on the Las Vegas Strip

Address   2650 Las Vegas Blvd S, Las Vegas, NV 89109
Phone   +1 702-765-8300

Hilton Vacation Suites on the LV Blvd의 경우,
편의점 및 카페테리아가 있어 커피 및 식료품도 손쉽게 구할 수 있다.
(각종 냉동식품은 물론 컵라면도 구입 가능)

카페

라스베가스의 화려한 호텔거리를 조금만 벗어나면 신진 예술가들이 자리잡고 있는 다운타운이 나오는데, 이 곳 아트 디스트릭 거리에는 힙한 분위기의 카페가 많다. 관광지의 화려함보단 로컬의 편안함을 추구한다면 아트 디스트릭 근방의 카페들을 방문해보는 것을 추천한다.

복잡한 메인 스트립을 벗어나서 한적하고 여유로운 분위기의
로컬 카페를 경험해보자. 단, 주말 브런치는 예약 필수

Makers & Finders

Address	1120 S Main St #110, Las Vegas, NV 89104
Phone	+1 702-586-8255

음식점 / 식료품점

Golden Steer Steakhouse Las Vegas
골든 스티어 스테이크 하우스

스테이크 전문점

Address   308 W Sahara Ave, Las Vegas, NV 89102
Phone   +1 702-384-4470

미국 현지인이 추천하는 스테이크집
유명인사들이 과거 단골이었다는 스테이크집
저녁 시간 예약은 필수

Bacchanal Buffet
바카날 뷔페

호텔 뷔페

Address   3570 S Las Vegas Blvd, Las Vegas, NV 89109
Phone   +1 702-731-7928

씨저스 팰리스 호텔 안에 위치한
라스베가스 3대 뷔페 중 한 곳
브런치 25 $ (7:30 am ~ 3 pm)
디너　35 $ (3 pm ~ 10 pm)

Wicked Spoon
위키드 스푼

호텔 뷔페

Address   The Chelsea Tower, 3708 S Las Vegas Blvd Level 2,
              Las Vegas, NV 89109
Phone   +1 877-893-2001

코스모폴리탄 호텔 안에 위치한
라스베가스 3대 뷔페 중 한 곳
브런치 28 $ (8 am ~ 5 pm)
디너　42 $ (5 pm ~ 9 pm)

Gordon Ramsay Burger
고든 램지 버거

햄버거 레스토랑

Address	3667 S Las Vegas Blvd, Las Vegas, NV 89109
Phone	+1 702-785-5462

눈으로 입으로 귀로 즐기는 버거의 맛
트러플 감자튀김/어니언링 추천
웨이팅 있음

In-N-Out Burger
인앤아웃 버거

햄버거 패스트푸드

Address	3545 S Las Vegas Blvd Suite L24, Las Vegas, NV 89109
Phone	+1 702-785-5462

서부의 명물
히든 메뉴인 애니멀 스타일로 주문해서 먹어볼 것

Panda Express
판다 익스프레스

중식 패스트푸드

Address	3475 S Las Vegas Blvd, Las Vegas, NV 89109
Phone	+1 702-785-5462

한국인 입맛에 잘 맞는 중식 프랜차이즈

Chipotle

치폴레 멕시칸 그릴

멕시칸 패스트푸드

Address	3200 S Las Vegas Blvd, Las Vegas, NV 89109
Phone	+1 702-384-4470

한국인 입맛에 잘 맞는 브리또와 타코를
저렴하게 맛볼 수 있는 곳

Earl of Sandwich

얼 오브 샌드위치

샌드위치

Address	3200 S Las Vegas Blvd #1610
Phone	+1 702-384-4470

패션쇼 쇼핑몰 안에 위치한
현지인 추천 샌드위치 맛집

Eggslut

에그슬럿

샌드위치

Address	3708 Las Vegas Blvd S Level 2, The Boulevard Tower
Phone	+1 877-893-2001

브런치로 유명한 일본 스타일의 샌드위치 맛집

E Jo Korean Restaurant
이조 곰탕

한식, 곰탕

Address	700 E Sahara Ave D, Las Vegas, NV 89104
Phone	+1 702-796-1004

라스베가스에서 유명한 한식당
제대로 된 곰탕을 합리적인 가격에 맛볼 수 있는 곳

Lee's Korean BBQ Woonamjung
운암정

한식당

Address	6820 Spring Mountain Rd, Las Vegas
Phone	1 702-388-0488

한인마트 옆에 위치하여 접근성이 좋은 한식당
대부분 BBQ를 먹지만 싯가를 꼭 확인할 것

Greenland Market
그린랜드 마켓

스테이크 전문점

Address	6820-6870 Spring Mountain Rd, Las Vegas, NV 89146
Phone	+1 702-220-6007

취사가 가능한 숙소에 머문다면
한인마트에서 장을 봐서 요리를 해먹는 방법도 추천

BUYRUS DESIGN

UX Lab

DEBRIEF

Simply Explained

BUYRUS DESIGN

바이러스디자인은 다양한 영역 간 협업을 통해 새로운 가치 창출을 목표로 하는 융합 디자인 컨설팅 기업입니다. 각 분야의 전문성을 갖춘 인재들이 모여 시장 및 사용자 조사부터 제품 디자인 도출 까지 통합적으로 수행 가능한 그룹입니다. 시장/사용자 조사, 컨셉 개발, UX 디자인 및 설계 그리고 제품 디자인 서비스를 제공합니다.

바이러스디자인은 자체적으로 디자인 사고와 프로세스에 대한 연구 및 내부 역량 검토를 통해 당사만의 디자인 프로세스를 수립하여, 진행하는 모든 프로젝트에 유연하게 대응하여 활용하고 있습니다.

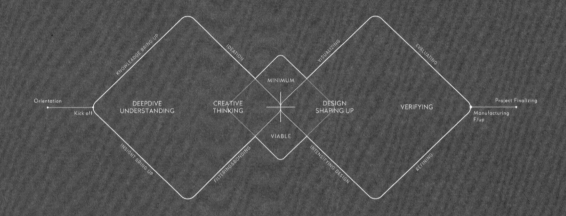

시장 · 사용자 이해 및 분석

다양한 마케팅 리서치 툴을 통해
관련 시장을 파악하고 소비자에 대한
다각도의 분석을 수행합니다.

컨셉 개발 및 UX 디자인

조사 및 UX 분석 기법을 활용하여
수집된 데이터를 기반으로 양질의
인사이트를 생산하여 연구를
진행합니다.

아이디어 평가 및 검증

연구를 통해 도출된 아이디어를 가지고
더 나은 제품과 서비스로 만들어 내기
위한 철저한 평가와 검증을 실시합니다.

BUYRUS DESIGN

UX Lab

디브리프는 바이러스디자인 산하의 UX Lab에서 자체 기획한 융합 트렌드 전문 브랜드입니다.

디브리프의 간행물은 특정 이벤트 혹은 이슈에 대한 정보를 수집하여 누구나 쉽고 재미있게 소비할 수 있는 컨텐츠로 가공하여 제공하기 위해 제작되었습니다.

연간 4회 출간, 연말 공개 세미나를 개최하여 다양한 컨텐츠를 지속적으로 디브리핑 해드릴 예정입니다.

이슈 기획 및 발굴

평소 쉽게 접근하기 어려운 기술,
디자인, 컨셉, 제품과 관련된 주요
이슈나 트렌드의 정보를 수집하여
콘텐츠로 기획합니다.

콘텐츠·간행물 제작

전문적이면서 트렌디한 이슈를
누구나 쉽게 접근할 수 있는 콘텐츠로
가공하여 소셜 미디어, 정기 간행물 등의
유형으로 제작합니다.

DEBRIEF
Simply Explained

세미나·강의·교육

글이나 사진으로는 미처 담지 못한
핵심 정보를 더 가까이 다가가 직접
디브리프 해드립니다.

Editor's letter

0이라는 숫자는 마지막인 동시에 시작으로 다가오며 많은 의미를 전달합니다.

2020년은 과거 SF 만화에서 미래를 나타내는 대표적인 연도이기도
하였으며, 왠지 모르게 항상 아직은 먼 듯한 느낌을 주던 연도였습니다.
그래서인지 2020년은 현재이면서 동시에 미래처럼 느껴지는 듯 합니다.
이 새로운 해를 맞이하며, 우리도 새로운 시작을 해보자는 마음으로
디브리프(DEBRIEF)라는 브랜드를 런칭하게 되었습니다.

 당사의 UX Lab은 시장 조사 전문가와 융합 디자이너가 함께 시장과
사용자에 대한 이해를 기반으로 신규 컨셉 혹은 신규 제품이나 서비스를
이해하고 평가하며, 새로 디자인하여 제안하는 집단입니다.
클라이언트와 함께 디자인 컨설팅 프로젝트를 진행하다 보면, 사용자
인터뷰 등 특정 이벤트 직후 디브리프라는 것을 진행합니다.

『디브리프』란 인터뷰가 종료된 후 해당 내용에 대한 핵심 요약과 이슈
그리고 인사이트를 집약하여 고객이 잘 이해할 수 있도록 쉽고
명료하게 전달해주는 시간입니다.

디브리프는 이러한 시간을 모티브로 하여 만들어졌습니다. 누구나
어떤 주제나 이슈에 대해 따로 시간과 노력을 드리지 않아도, 전문 지식이
없어도 쉽고 명확하게 이해 가능하도록 디브리프 해드리고자 하는
마음에서 시작되었습니다.

디브리프의 비전은 앎에 대한 욕구를 채우고, 나아가 창의를 위한
도구가 되는 것 입니다.

앎에 대한 욕구
디지털 시대, 매순간 홍수처럼 쏟아지는 정보들 속에서 우리는 살고 있습니다.
특히 많은 대중들이 짧은 비디오 컨텐츠에 열광하는 요즘, 그들의
전문성이나 신뢰성에 의문이 가기도 하고 때로는 너무나 개인적인 내용이
혼합되며 피로감이 들기도 합니다. 디브리프는 앎에 대한 욕구를 채움과 동시에
그 앎이 가치 있는 내용으로 가득하길, 누구나 질 좋은 정보를 쉽고 재미있게
소비하길 바랍니다. 이를 위해 좋은 이슈나 이벤트를 선정하고, 의미 있는
정보로 필터링하며 해석하여 재가공해 전달 드리겠습니다.

창의를 위한 도구
4차 산업 혁명 시대, 인간의 가장 큰 무기는 창의력이라고 생각합니다.
어떻게 하면 창의력을 기를 수 있는가? 어떻게 하면 무언가 새로운
아이디어를 낼 수 있는가? 이런 방법을 누군가 가르쳐 준다면 얼마나
좋을까 하는 생각을 해왔습니다.
이런 마음으로 누군가에게 새로운 발견이 되어주고 또 누군가에게는 무언가를
만들거나 아이디어를 내는데 있어 좋은 소재가 될 수 있는 양질의 컨텐츠를
제공 드리겠습니다.

디브리프는 융합 트렌드 전문 브랜드입니다.
그 시작으로 디브리프 1호를 발간하며 앞으로 꾸준한 서적 발간 외 다양한 형태로
가치 있는 컨텐츠를 전달해 드리겠습니다.

창간호 발간을 위해 기획, 출장, 편집까지 함께 고생한 김미림 책임과 이아라
선임에게 감사의 마음을 전합니다. 또한 작은 꿈 하나를 실현할 수 있도록 끝까지
지원을 아끼지 않은 박관우 대표님에게도 감사의 인사를 전합니다.

디브리프 편집장, 이 재 영

debrief →

편집장 **Editor in Chief**	이재영 Lee Jaeyoung
편집인 **Editor**	김미림 Kim Mirim 이아라 Lee Ara
일러스트레이터 **Illustrator**	정규웅 Jung Gyuwoong 하재강 Ha Jaekang
교열 **Text Correction**	김혜원 Kim Hyewon 박종원 Park Jongwon
편집 디자인 **Editorial Design**	김현경 Kim Hyeongyeong

구매, 프로젝트 의뢰, 강연 혹은 세미나 문의
buyrusdesign@buyrusdesign.com
02. 539. 8953

발행일	2020년 3월 30일 창간
등록번호	제2020-000043호
ISBN	979-11-969963-0-7
발행처	바이러스 디자인
	서울시 강남구 도곡로 7길 17-6
	www.buyrusdesign.com
	02. 539. 8953
발행인	박관우

인스타그램
debrief_official